Buch

Jede Singlefrau hat sicher schon ungefragt alle möglichen Erklärungen, Begründungen und kritischen Anmerkungen dazu zu hören bekommen, warum sie noch nicht fündig geworden ist: »Du bist zu wählerisch. Such dir einfach jemanden, der gut genug ist«, »Du bist zu emanzipiert. Clevere, ehrgeizige Frauen tun sich immer schwer damit, einen Partner zu finden« oder »Du bist zu sehr auf einen Partner fixiert. Erst wenn du gelernt hast, allein glücklich zu sein, kannst du auch in einer Beziehung glücklich sein.«
Sara Eckel stellt diese Mythen in Frage und ermutigt Singles, sich im Hinblick darauf, wer und was richtig für sie ist, auf ihre eigene innere Weisheit zu verlassen, statt ständig ihre Persönlichkeit zu zerpflücken. Auf aktuelle Forschungsergebnisse aus Psychologie und Soziologie gestützt, plädiert Eckel dafür, zu akzeptieren, dass sich das Singledasein nicht auf *einen* bestimmten Grund zurückführen lässt – es ergibt sich einfach. Und ganz sicher gilt: Es liegt nicht an dir!

Autorin

Sara Eckel arbeitet seit über 15 Jahren als freischaffende Journalistin. Ihre Artikel erschienen unter anderem in *The New York Times*, *Forbes* und *Cosmopolitan*. Außerdem ist sie Autorin für die beliebte Kolumne »Modern Love« in der *New York Times* und schreibt Kurzgeschichten. Eckel lebt mit ihrem Mann in Kingston, New York.

Sara Eckel

Es liegt nicht an dir!

27 (falsche) Gründe, warum du noch Single bist

Aus dem Amerikanischen
von Karin Wirth

GOLDMANN

Alle Ratschläge in diesem Buch wurden von der Autorin und vom Verlag sorgfältig erwogen und geprüft. Eine Garantie kann dennoch nicht übernommen werden. Eine Haftung der Autorin beziehungsweise des Verlags und seiner Beauftragten für Personen-, Sach- und Vermögensschäden ist daher ausgeschlossen.

Dieses Buch ist auch als E-Book erhältlich.

Verlagsgruppe Random House FSC® N001967
Das für dieses Buch verwendete FSC®-zertifizierte Papier
Classic 95 liefert Stora Enso, Finnland.

1. Auflage
Deutsche Erstausgabe August 2015
Wilhelm Goldmann Verlag, München,
in der Verlagsgruppe Random House GmbH
© 2015 der deutschsprachigen Ausgabe
Wilhelm Goldmann Verlag, München,
in der Verlagsgruppe Random House GmbH
© 2014 Sara Eckel
Originalverlag: Perigree, a member of Penguin Group (USA) LLC,
a Penguin Random House company
Originaltitel: It's not you
All rights reserved including the right of reproduction in whole or in part in any form.
Umschlaggestaltung: Uno Werbeagentur, München
Umschlagillustration: Brian Rea
Redaktion: Andrea Kalbe
Satz: Uhl + Massopust, Aalen
Druck und Einband: GGP Media GmbH, Pößneck
KW · Herstellung: AM
Printed in Germany
ISBN 978-3-442-17532-1
www.goldmann-verlag.de

Besuchen Sie den Goldmann Verlag im Netz

Inhalt

Einleitung:
Was stimmt nicht mit dir?   7

1. Du hast Probleme   21
2. Du bist nicht selbstbewusst genug   29
3. Du bist zu negativ   37
4. Du bist zu emanzipiert   42
5. Du bist zu einschüchternd   50
6. Du bist zu verzweifelt   57
7. Du musst lernen, allein glücklich zu sein   63
8. Du bist zu wählerisch   69
9. Du bist zu leicht zu haben   75
10. Du kennst die Spielregeln nicht   84
11. Du musst erwachsen werden   90
12. Du bist zu egoistisch   97

13. Du musst dich dem Universum anvertrauen   101
14. Du brauchst einen Aktionsplan   109
15. Du führst ein zu aufregendes Leben, um dich auf eine feste Beziehung einzulassen   116
16. Du bist zu traurig   122
17. Du bist die Konstante   127
18. Du musst es einfach immer wieder versuchen   133
19. Du bist zu sehr darauf fixiert   139
20. Du hättest diesen Typen heiraten sollen   147
21. Du willst eigentlich gar keine Beziehung   155
22. Du brauchst Übung   162
23. Du bist zu alt   167
24. Du weißt nicht, was Liebe ist   174
25. Du bist scheiße   181
26. Du musst den Grund herausfinden   189
27. Du wirst für immer allein bleiben   193

Fazit: Du bist schon angekommen   199

Quellen und Literaturtipps   211

Dank   219

Register   221

Einleitung

Was stimmt nicht mit dir?

Wir trafen uns in einer Bar in Brooklyn, einer Hipster-Version eines alten italienischen Clubs. Er sah ganz nett aus, ein bisschen grauer und kräftiger als auf seinem Profilbild, aber das traf zweifellos auch auf mich zu. Wir unterhielten uns über die Wohngegend – den Hundepark, der uns gefiel, das Asian-Fusion-Restaurant, dessen Schließung wir bedauerten – und stellten grundlegende Daten bereit: in New York verbrachte Jahre, Anzahl der Geschwister.

»Wie lange liegt deine letzte Beziehung zurück?«, fragte er im Tonfall einer Zahnarzthelferin, die sich nach dem Gebrauch von Zahnseide erkundigt.

»Drei Jahre«, log ich. In Wahrheit waren es eher sechs.

Er lehnte sich zurück und schaute mich kühl und neugierig an, als ob ich ein Restaurant mit zu wenig Kundschaft oder ein schwer verkäufliches Haus sei.

»Was stimmt nicht mit dir?«, fragte er.

»Ich weiß es nicht«, antwortete ich.

»Aber du bist doch attraktiv?«, sagte er, als sei er sich nicht mehr ganz sicher. Als ob ich ihm da hätte weiterhelfen müssen.

»Ich weiß nicht, was ich dir sagen soll«, erwiderte ich. »Ich kenne den Grund nicht.«

Natürlich war ich empört. Ich trank meinen Cocktail aus und sagte, dass ich früh aufstehen müsse. Dabei war seine Frage eigentlich nicht schlimmer als die, die ich mir fast jeden Tag selbst stellte. Es war kein ausgewachsener Selbsthass, sondern eher ein Gefühl, das mich beschlich, eine Art Leere, die ich in bestimmten Situationen in der Brust spürte – auf einer langen U-Bahn-Heimfahrt nach einer mittelmäßigen Verabredung, bei einem Telefonat am Sonntagabend mit einer verheirateten Freundin, die plötzlich sagte, dass sie Schluss machen müsse, weil ihr Mann den Braten aus dem Ofen geholt habe.

Warum konnte ich das, was mir am wichtigsten war, nicht finden? Ich bemühte mich so sehr, gehorchte der ständig eingehämmerten Forderung, »unter die Leute zu gehen«, und durchsuchte pflichtbewusst meine Psyche nach Blockaden, die mich daran hindern könnten, die Liebe meines Lebens zu finden. Ich fuhr stundenlang durch die Stadt, um an Geburtstagsfeiern von Freunden meiner Kolleginnen teilzunehmen, und ging zu den Mitternachtsauftritten der Bands von Bekannten aus der Studienzeit. Ich investierte zahllose Stunden und Dollars in Yoga, Fitnessstudios und andere Formen der persönlichen Instandhaltung. Und dennoch war ich eine alleinstehende Frau Ende dreißig. Was war los? Was stimmte nicht mit mir?

Wenn ich mit anderen Leuten rede, die weit ins Erwachsenenalter hinein Single geblieben sind und deren ungebundener Zustand keine freie Entscheidung war, höre ich diese toxische Frage häufiger als jede andere. Dabei handelt es sich um intelligente, erwachsene Menschen mit anspruchsvollen Berufen – Journalisten, Universitätsdozenten, Unternehmerinnen –, die ihre Mutter zum Arzt fahren und sich um ihre Nichten und Neffen kümmern. Sie haben enge Freunde, sitzen beruflich fest im Sattel und engagieren sich in der Kommunalpolitik.

Aber diese eine Sache fehlt, und viele Singles können nicht vortäuschen, dass es ihnen nichts ausmacht. So gern sie auch dem kulturspezifischen Ideal des völlig autonomen Single (des feurigen, freien Geistes, der sich nicht mit einer Beziehung belastet) gerecht werden würden – es entspricht nicht ihrer Realität. Zwar wollen sie sich nicht in eingefahrenen Bahnen bewegen, aber sie wollen einen Partner. Und deshalb stellen sie die Frage nach dem Warum. Bei dieser Seelenerforschung finden sie viele verschiedene, oft einander widersprechende Erklärungen:

»Du bist zu wählerisch.«
»Du bist zu verzweifelt.«
»Du bist zu emanzipiert.«
»Du bist zu bedürftig.«
»Du bist zu einschüchternd.«
»Du bist zu negativ.«
»Du bist zu unrealistisch.«
»Du bist nicht selbstbewusst genug.«

Als Single, der lieber keiner wäre, wird man mit endlosen Pathologien konfrontiert. Selbst wenn man sich wehrt – »Was soll das heißen, ich bin zu selbstständig? Soll ich vielleicht meinen Beruf aufgeben und wieder bei meinen Eltern einziehen?« –, kann die beträchtliche Anzahl möglicher Erklärungen selbst bei der souveränsten Singlefrau Selbstzweifel auslösen. Mindestens *eine* davon bleibt hängen.

Wir glauben heute sehr stark an das Konzept der Selbstwirksamkeitserwartung – wenn es in unserem Leben etwas gibt, das nicht so funktioniert, wie wir es gern hätten, dann liegt das Problem ganz allein bei uns. Selbst Menschen mit schweren Krankheiten werden aufgefordert, eine positive Einstellung zu bewahren, als ob davon der Krebs weggehen würde. Viele dieser Ratschläge sind gut gemeint. Natürlich ist es von Vorteil, sein Leben in die Hand zu nehmen und auf eine glücklichere Zukunft hinzuarbeiten. Natürlich sind wir uns darüber im Klaren, dass wir uns anstrengen müssen, um die Belohnungen zu ergattern, die das Leben bereithält – interessante Jobs, ein schönes Zuhause, viele soziale Kontakte.

Aber der Mythos, dass wir die Ereignisse in unserem Leben zu hundert Prozent unter Kontrolle haben, lässt uns sehr streng mit uns selbst ins Gericht gehen. Und besonders Singles, die das Rätsel des »Warum« lösen wollen, sind oft bereit, die Prämisse zu akzeptieren, dass irgendein schlimmer persönlicher Makel sie daran hindert, die Liebe ihres Lebens zu finden.

Ich selbst habe dort Trost gefunden, wo alleinstehende Frauen ihn meistens finden: bei meinen alleinstehenden Freundinnen. Wir trafen uns freitag- oder samstagabends, tauschten lustige und tragische Geschichten über unser trostloses Liebesleben aus, versicherten einander, dass wir alle schön, klug und freundlich seien, und wunderten uns über die Dummheit der Männer, die das nicht wahrnahmen.

Vor allem aber versuchten wir, eine Erklärung zu finden. Warum passierte es nicht? Waren unsere verheirateten Freundinnen wirklich so viel begehrenswerter oder psychisch gesünder als wir? Ab und zu stellte jemand fest, dass verheiratete Frauen in Wirklichkeit ziemlich unglücklich seien und *uns* beneideten. Aber mit dieser Theorie kamen wir nie allzu weit, denn wir wussten, dass unsere verheirateten Freundinnen nicht mit uns würden tauschen wollen, wie sehr sie sich auch über ihre Ehemänner beklagten.

Natürlich gibt es viele beliebte Bücher und Fernsehserien, die das Leben von Singlefrauen zum Thema haben, aber in diesen Geschichten werden die Hauptfiguren ständig in Parks und an Bushaltestellen von attraktiven, selbstironischen Männern angesprochen und zum Abendessen eingeladen. Selbst die eigenwilligsten Exemplare bleiben in der Sitcom nicht lange allein, sondern hüpfen von einem sexy, aber mit Mängeln behafteten Mann zum nächsten. Meine Freundinnen und ich hatten zwar verschiedene Dates und Kurzbeziehungen, waren aber ansonsten überwiegend allein.

Natürlich hatten wir einander, aber nicht auf die perfekt synchronisierte Art und Weise wie unsere TV-Pendants. Wir lebten nicht im selben Apartmenthaus und schauten nicht unangekündigt vorbei, um zusammen gegrillte Käsesandwichs zu essen oder uns gegenseitig auf Vorstellungsgespräche vorzubereiten. Wir standen nicht jederzeit für Notfall-Brunchs oder Last-Minute-Trips nach Jamaika zur Verfügung. Vielmehr führte jede von uns ein kompliziertes eigenständiges Leben, in dem sie manchmal 16 Stunden pro Tag arbeitete oder in eine andere Stadt zog oder sich in einer aufkeimenden Romanze zurechtzufinden versuchte. Unsere Begegnungen fanden auf eine Art statt, wie es bei den meisten berufstätigen Großstädtern der Fall ist – indem wir uns Tage oder Wochen im Voraus verabredeten. Das bedeutete, dass wir viel Zeit allein verbrachten.

Da ich der gängigen Meinung Glauben schenkte, dass ich »an mir arbeiten könne«, um »für die Liebe bereit« zu sein, ging ich mit großem Fleiß an diese ruhigen Abende und Wochenenden heran. Ich wusste, worum es ging: Wenn ich darauf wartete, dass mich ein anderer Mensch glücklich machen würde, würde ich tief enttäuscht werden. Niemand würde mich lieben, solange ich nicht gelernt hatte, mich selbst zu lieben. Also ran an die Arbeit!

In vielerlei Hinsicht konnte ich mich tatsächlich weiterentwickeln. Ich überwand meine Redeangst, lernte Kochen, meisterte einen Handstand. Ich erweiterte auch meinen Bekanntenkreis, indem ich Dinnerpartys veranstaltete, mir im Urlaub ein Haus mit anderen Leuten teilte oder Künstlerkolonien besuchte. Ich hatte viel Spaß und schloss viele neue Freundschaften. Aber in einer Beziehung war ich immer noch nicht. Und wenn ich samstagnachts im Dunkeln lag, fragte ich mich immer noch, was mit mir nicht stimmte.

Bei meiner ersten Verabredung mit Mark stellte er mir die gefürchtete Frage: »Wie lange schon?«. Ich schaute auf den Tisch und legte die Hände um mein Bierglas. Die Antwort (acht Jahre) ging mir nicht leicht über die Lippen.

Eigentlich hätte es nicht von Bedeutung sein sollen. Mark und ich arbeiteten seit zwei Monaten zusammen. Er hing viel in meinem Büro herum, flirtete per E-Mail mit mir und – was ich süß, er selbst aber schrecklich fand – errötete jedes Mal, wenn wir miteinander sprachen. Die Sache war im Prinzip unter Dach und Fach.

Aber trotzdem wollte ich nicht auf seine Frage antworten.

»Lange«, sagte ich stattdessen, verdrehte die Augen und hoffte, dass er zu den Leuten gehörte, die sechs Monate für lang hielten.

Die Wahrheit gestand ich ihm einige Wochen später, nachdem wir uns aus dem Büro geschlichen hatten, um einen Kaffee zu trinken und uns zu küssen. »Ich muss dir etwas sagen«, begann ich ernst, als ob es darum ginge, eine unheilbare Krankheit oder einen Ehemann in New Jersey zu beichten. Ich holte tief Luft und sagte ihm, dass ich fast zehn Jahre lang keine Beziehung gehabt hatte und das nicht, weil ich es nicht versucht hatte.

Mark zuckte die Achseln. »Gut für mich. All die anderen Typen waren Idioten.«

Und das war's. Für Mark war es kein Problem oder Rätsel, das es zu lösen galt. Ich war eine Frau, in die er sich gerade verliebte, wie auch ich mich gerade in ihn verliebte. Mark war nicht auf der Suche nach dem kulturspezifischen Ideal einer heiratsfähigen Frau – was immer das bedeutet. Er wollte einfach mich.

Ein knappes Jahr später zogen wir zusammen. Vier Jahre später heirateten wir. Meine Freundinnen kamen zu unserer Hochzeit in einem kleinen Park in Brooklyn – einige mit ihren Ehemännern.

Ich habe Freundinnen, die immer noch auf der Suche sind, und ich habe verheiratete und geschiedene Freundinnen. Ob das eine oder das andere zutrifft, ist, wie ich inzwischen glaube, eher eine Frage des Zufalls als des Charakters. Denn nach all den Jahren des Selbstzweifels haben meine spät verheirateten Freundinnen und ich doch noch Männer gefunden, die uns lieben, obwohl wir immer noch verschroben und neurotisch sind, es beruflich immer noch nicht auf die Reihe gebracht haben und manchmal zu laut reden oder zu viel trinken oder fluchen, wenn im Fernsehen die Nachrichten laufen. Wir haben graue Haare und unmoderne Klamotten und schlechte Manieren. Und trotzdem lieben sie uns.

Was stimmt nicht mit mir? Was stimmt mit irgendjemandem nicht? Wenn wir ehrlich sind, lautet die Antwort wahrscheinlich: »Vieles«. Aber darum geht es nicht.

Was glaubst du, wer du bist?

Als der tibetische buddhistische Gelehrte Chögyam Trungpa in den Sechzigerjahren zum ersten Mal in den Westen kam, um in Oxford Psychologie zu studieren, stellte er überrascht fest, dass das Konzept der »Ursünde« nicht nur in der Religion eine Rolle spielte, sondern auch eine Basis des säkularen psychologischen Denkens war. »Sowohl Patienten als auch Theoretiker und Therapeuten scheinen von der Vorstellung einer ursprünglichen Schuld verfolgt zu werden, die späteres Leiden verursacht – eine Art Strafe für diese Schuld«, schreibt er in *Achtsamkeit, Meditation und Psychotherapie*. »Das Gefühl einer Schuld oder Verletzung ist sehr verbreitet. Unabhängig davon, ob diese Leute tatsächlich an die Erbsünde oder überhaupt an Gott glauben, scheinen sie das Gefühl zu haben, in der Vergangenheit etwas falsch gemacht zu haben, für das sie jetzt bestraft werden.«

Er erklärt, dass der tibetische Buddhismus eine andere Haltung einnimmt: Alles ist im Wesentlichen gut. Ein hilfreiches Bild ist eine unter Schlamm begrabene goldene Statue. Statt mit einem tiefverwurzelten Makel behaftet zu sein, der ausgemerzt werden muss, müssen wir lediglich den ganzen Schmutz abspülen, mit dem wir uns bedecken – *Ich bin zu sehr dies und nicht genug das*. Wenn wir diese dunklen Schichten abschälen, stoßen wir auf ein einfaches Wesen, das keiner Verbesserung bedarf.

Dieser Leitgedanke unterscheidet sich radikal von dem unserer Kultur, wo wir durch abwechselndes Anfeuern und Beschämen ständig zur Optimierung gedrängt werden. Ich behaupte nicht, dass das immer falsch sei, aber ich glaube, dass es sich lohnt, dieses Konzept einer Überprüfung zu unterziehen, besonders für diejenigen, die in der »Was stimmt nicht mit mir?«-Falle stecken. In diesem Sinne habe ich dieses Buch anhand der Botschaften strukturiert, die Singles, und insbesondere weibliche Singles, in Bezug auf ihre Persönlichkeit und die Persönlichkeit, die sie haben sollten, empfangen. Diese Botschaften stecken in Ratgeberliteratur, Gesellschaftskommentaren, Trendgeschichten und Partnervermittlungsprogrammen; sie kommen von Internet-Dates, geliebten Freunden und Angehörigen, die nur das Beste für uns wollen, aber oft nicht die leiseste Ahnung haben.

Es ist nicht meine Absicht, Dating-Gurus zu verhöhnen (die ja, wenn wir ehrlich sind, ziemlich einfache Ziele sein können) oder Sie gegen die Menschen aufzuhetzen, denen Sie am Herzen liegen. Ich möchte Ihnen vielmehr helfen, all die verunsichernden Rückmeldungen zu entwirren, in der Hoffnung, dass Sie dadurch zu Ihren eigenen Instinkten zurückfinden.

Doch zunächst einige Warnungen:

Ich bin keine Expertin – ich habe weder einen Doktortitel noch eine Reality-Show. Ich bin eine freischaffende Autorin, die seit vielen Jahren Reportagen über das seelische Wohlbefinden schreibt, und interessiere mich für den tibetischen Buddhismus.

Ich nehme nicht für mich in Anspruch, für alle Singles zu sprechen. Natürlich sind viele Menschen allein glücklich oder sind auf der Suche, ohne sich mit der Frage, was nicht mit ihnen stimmt, herumzuschlagen.

Ich nehme einen ganz speziellen Standpunkt ein, und zwar den der heterosexuellen, weißen, kinderlosen Frau aus der Mittelschicht. Mir ist klar, dass diese Perspektive bei Weitem nicht als universell zu betrachten ist, dass nicht alles in diesem Buch Gesagte notwendigerweise auch auf Männer, Alleinerziehende, Schwule und Lesben zutrifft oder auf Leute, deren Herkunftsfamilie nicht in jenem Maße wie meine einer Sitcom aus den Fünfzigerjahren ähnelt. Aber trotz dieser Einschränkungen bin ich davon überzeugt, dass viele Langzeit-Singles auch gemeinsame Erfahrungen haben, solche, die unabhängig von Geschlecht, Rasse oder sexueller Orientierung sind, und ich hoffe, dass dieses Buch all denen von Nutzen sein wird, die sich mit diesen Themen herumschlagen.

Bei den Menschen, die ich für dieses Buch interviewt habe (sowohl denjenigen, die ich wörtlich zitiere, als auch denjenigen, deren Erfahrungen auf eine allgemeinere Art in dieses Buch eingeflossen sind), handelt es sich in erster Linie um Frauen, die wie ich einen Großteil ihres Erwachsenendaseins Singles waren und die inzwischen verheiratet sind oder auch nicht. Ich verwende das Wort »verheiratet« im weiteren Sinne, das heißt, ich bezeichne damit langfristige monogame Beziehungen, unabhängig davon, ob die Beteiligten einen gegenseitigen Anspruch auf Sozialleistungen haben.

Und schließlich habe ich mich auf Frauen konzentriert, weil wir diejenigen sind, die am meisten darüber belehrt werden, wer wir sein sollten, und, wenn wir ehrlich sind, auch diejenigen, die eher geneigt sind, diese Ratschläge anzunehmen.

Gleichwohl musste ich nach der Veröffentlichung meiner vermeintlich ganz persönlichen Geschichte in der Kolumne »Modern Love« in der *New York Times* feststellen, dass meine Erfahrungen viel weiter verbreitet waren, als ich es mir hätte vorstellen können.

»Ich bin ein 25-jähriger Mann, der in São Paulo, Brasilien, lebt. Letzte Nacht dachte ich im Bett genau das, was Sie in Ihrem Artikel erwähnt haben: ›Was stimmt nicht mit mir?‹«

»Ich bin eine Journalistin aus Indien, arbeite und lebe aber derzeit in Dubai… Eine Freundin aus den USA hat mir vor ein paar Wochen, als es mir sehr schlecht ging, diesen Artikel geschickt. Ich habe ihn seither immer wieder gelesen und ihn auch meinen alleinstehenden und verheirateten Freundinnen geschickt, die alle die gleiche Reaktion gezeigt haben: Genauso ging's mir auch.«

»[Ihr Artikel] hat bei mir und meinen Singlefreunden sofort Anklang gefunden. Viele von ihnen haben ihn gleich nach dem Lesen auf sozialen Websites gepostet, und zwar in China.«

Aus nicht ganz so großer Ferne schrieb mir eine 33-jährige Investment-Bankerin, dass sie den Artikel in ihrem Browser mit einem Lesezeichen markiert habe und ihn etwa einmal pro Woche erneut lese. Eine 24-jährige Medizinstudentin aus Harvard schrieb, der Artikel habe sie mitten in einer Flut von Hochzeitseinladungen wieder zur Ruhe kommen lassen. Eine 71-jährige Frau berichtete, dass sie im vergangenen Sommer zum ersten Mal geheiratet habe. »Gott sei Dank habe ich lange genug gelebt!«, meinte sie.

Singlefrauen berichteten mir, dass sie den Essay ausgedruckt hätten und in der Handtasche mit sich herumtrügen, um ihn noch einmal lesen zu können, wenn es ihnen schlecht ginge. Singlemänner sagten mir, dass sie mit denselben Problemen zu kämpfen hätten, allerdings ohne mitfühlende Freunde desselben Geschlechts (was übrigens auch viele alleinstehende Frauen berichteten). Verheiratete Frauen, die wie ich ihren Seelengefährten nach vielen Jahren des Alleinseins gefunden hatten, berichteten von ganz ähnlichen Erfahrungen. Nach Jahren oder gar Jahrzehnten der Selbstzweifel waren sie schließlich über den Mann gestolpert, dem ihr kurzes Haar, ihr schwarzer Humor, ihre zehn Kilo zu viel *gefielen*. »Er liebt all die Dinge, von denen ich dachte, dass ein Mann sie hassen würde (hallo, zwei Katzen). Er hat Verständnis für all die Schrullen, von denen ich dachte, dass ich mich für sie entschuldigen müsse«, schrieb eine 42-jährige Frau, die im Jahr zuvor geheiratet hatte.

Das Beeindruckendste an den Briefen war ihre Ähnlichkeit. Trotz ihres unterschiedlichen Alters und Hintergrunds sagten Hunderte von Lesern im Wesentlichen dasselbe: *Du bist wie ich. Deine Geschichte ist meine.*

Für eine Autorin gibt es nichts Befriedigenderes als die Entdeckung, eine direkte Verbindung zu so vielen unterschiedlichen Menschen hergestellt zu haben. Ich glaube, dass meine Geschichte deshalb einen so großen Widerhall gefunden hat, weil ich den Leuten etwas erzählt habe, was sie schon wussten, und nicht etwas, was sie noch nicht wussten. Ich glaube, ich habe sie an ihren inneren Wert erinnert, der tief unter dem

Schlamm der Ratschläge und Gesellschaftskommentare begraben lag. Ich glaube, dass ich ihnen geholfen habe, sich wieder mit einem kleinen Kern der Weisheit zu verbinden, den sie schon besaßen und der besagte: *Ich glaube nicht, dass ich mich verändern muss. Ich glaube, dass ich genau so, wie ich bin, absolut liebenswert bin.*

Dieses Buch ist kein Ratgeber dazu, wie man einen Ehepartner findet, denn davon habe ich keine Ahnung. Es ist auch kein Aktionsplan für die Renovierung Ihrer Seele, damit Sie für die Liebe »bereit« sind. Wenn Sie dieses Buch ausgewählt haben, sind Sie sicher mehr als bereit. Es ist nicht das Werk einer allwissenden verheirateten Frau, denn ganz im Ernst – ich habe einfach nur einen Typen getroffen, das ist alles.

Vielmehr ist es mein Versuch, einen Teil des von der Gesellschaft aufgehäuften Schlamms, der uns niederdrückt und uns unseren eigenen Instinkten entfremdet, wegzuschaffen. Natürlich ist das nicht nur ein Singleproblem, sondern ein Problem, das uns alle betrifft. Aber als Single muss man durch eine besonders tiefe Schlammschicht waten.

Wenn man aufhört, seine eigene Persönlichkeit zu zerpflücken und endlos frühere Beziehungen zu analysieren, schafft man viel geistigen Freiraum. Wenn man aufhört, sich von anderen verunsichern zu lassen (»Den schnappst du dir am besten!« – »Schließlich wirst du auch nicht jünger!« – »Für wen hältst du dich denn?«), kann man anfangen, sich in Bezug auf die Frage, wer man ist und was das Richtige für einen ist, auf seine eigene Weisheit zu verlassen.

1
Du hast Probleme

Als ich einunddreißig war, kündigte ich innerhalb eines Monats meinen Job und trennte mich von meinem Freund.

Das Timing war mehr oder weniger zufällig. Die Kündigung war das Ergebnis eines allmählichen, systematischen Übergangs zum freiberuflichen Schreiben, die Trennung eine überstürzte Entscheidung wegen eines neuen Schwarms. Innerhalb weniger Wochen dezimierte ich mein Leben. Was übrig blieb, war eine in ihren Grundfesten erschütterte Frau in einem 28-Quadratmeter-Apartment mit einem kleinen Schreibtisch, einem klapprigen Futon und einem Herz voller ungestillter Sehnsüchte. Ich wachte fast jede Nacht zur Hexenstunde (gegen drei oder vier) auf, saß dann kerzengerade auf meinem Futon, starrte zu meinem einen Fenster hinaus und fragte mich, was zum Teufel ich gerade angerichtet hatte.

Aber ich bedauerte nichts. Ja, ich hatte gerade mein Leben zerlegt, aber ich würde es wieder aufbauen! Ich würde auf diesem kalten Betonfundament Stein für Stein das Leben aufbauen, das ich mir wünschte, die Frau werden, die ich gern sein wollte – eine Frau, die von den Männern, die ich liebte, wiedergeliebt wurde.

Und so begann die Erschaffung von Sara 2.0, eine Aufgabe, die sich wunderbar in meine neue Laufbahn als Autorin von Zeitschriftenartikeln über Beziehungen und persönliches Wachstum einfügte. In den nächsten Jahren führte ich Interviews mit Psychologieprofessoren und Therapeuten und streute dabei schamlos Anekdoten aus meinem eigenen Leben in die Unterhaltung ein – über die Beziehungen, die gar nicht erst in die Gänge kamen, die Verabredungen, die Reinfälle waren, die witzigen, attraktiven Männer, die sich standhaft weigerten, mich zu lieben.

Ich sprach auch mit vielen Autoren von Ratgeberliteratur, die alle einen auf ihre eigene Person zugeschnittenen Reparaturplan hatten. Da war die Verfechterin liebevoller Strenge mit sich selbst, die erklärte, das Geheimnis einer erfolgreichen Partnersuche bestehe darin, mit dem Jammern aufzuhören, sich den Tatsachen zu stellen und um Himmels willen ein bisschen Lippenstift aufzulegen. Da war die Verfechterin der Suche nach dem magischen Seelengefährten, die Tagebuchschreiben, Wanderungen in freier Natur, Schaumbäder bei Kerzenlicht und weiteren Hokuspokus empfahl. Da war der MANN (das heißt, ein leidlich attraktiver Typ, der ein Buch geschrieben hatte), der Insider-Tipps in Bezug darauf gab, wie man eine Beziehung mit ihm eingehen könne, was hauptsächlich darauf hinauslief, ihn nicht zu kritisieren und lange Haare zu haben.

Also ließ ich meine Haare wachsen. Und nahm Schaumbäder. Aber in erster Linie fing ich an, mich mit meinen Problemen zu beschäftigen. War mein Scheitern die Folge meiner (clever als echter Wunsch nach einer festen Beziehung getarnten) latenten Beziehungsphobie, wie es eine Expertin mit Helmfrisur angedeutet hatte? Fühlte ich mich im Grunde wertlos und strahlte diese negative Selbsteinschätzung gegenüber jedem Mann aus, den ich traf? (Eine weitere leise Andeutung.) Bedeutete mein Unvermögen, »mich selbst zu lieben«, dass ich auch keinen anderen Menschen lieben konnte?

Die Autorin, die die Beziehungsphobie postuliert hatte, war eine forsche Psychiaterin mit einem Spitznamen à la »Dr. Vorname« und einer Fülle von sich reimenden, markengeschützten Aphorismen. Sie erklärte in leicht tadelndem Ton, dass ich mich fragen müsse, ob *ich selbst* Angst vor einer festen Beziehung habe, wenn ich glaubte, ein Mann würde sich nicht mehr bei mir melden, weil er Angst davor habe, sich auf eine Beziehung einzulassen.

Ich weiß noch, wie ich an meinem Schreibtisch saß, den Telefonhörer unter das Kinn geklemmt, und dachte: Okay, diese Frau ist spießig und nervig, aber *was sie sagt, hat Hand und Fuß*.

Denn wenn ich auf all die Männer zurückblickte, mit denen ich ausgegangen war, dann ließen sie sich in zwei Kategorien einteilen – diejenigen, mit denen ich Schluss gemacht hatte, und diejenigen, die mit mir Schluss gemacht hatten. Die Männer, von denen ich mich getrennt hatte, hätten sich wohl weiterhin mit mir verabredet, wenn ich nicht so viel Angst vor einer

Bindung gehabt hätte. Ich ging mit dieser Angst um, indem ich die Männer bevorzugte, die mit mir Schluss machten (oder von Anfang an nicht interessiert waren), mit anderen Worten, die Beziehungsphobiker. Ich muss mich zu den Beziehungsphobikern hingezogen gefühlt haben, weil ich selbst einer war.

So drehte ich mich mit dieser perfekten Logik im Kreis und ignorierte dabei die vielen Bereiche meines Lebens, in denen ich kein Problem hatte, mich auf etwas einzulassen – Wohnungen, Arbeitsaufträge oder Pläne fürs Abendessen (mit Letzterem gewinne ich wahrscheinlich keine Preise für humanitäres Engagement, aber in New York City ist das ein herausragendes Merkmal). Und ich ließ die Tatsache außer Acht, dass viele der Männer, die das Interesse an mir verloren (oder nie welches gezeigt) hatten, anschließend Beziehungen mit anderen Frauen eingingen.

Ich war einfach erleichtert, eine Erklärung gefunden zu haben, denn das bedeutete, etwas zu haben, mit dem ich arbeiten konnte, etwas tun zu können. Ich konnte meine Bindungsproblematik angehen – versuchen, zuverlässiger zu sein, mir einen Hund zulegen.

Aber selbst wenn ich diese Erklärung nicht akzeptiert hätte, wären viele weitere geblieben, mit denen ich mich hätte beschäftigten können. Vielleicht war ich zu bedürftig oder zu unabhängig? Zu verzweifelt, zu wählerisch? Vielleicht stand ich meinem Vater zu nah oder nicht nah genug?

Ich studierte die Datenlage, erstellte eine äußerst detaillierte Liste meiner Mängel und Unzulänglichkeiten und erhielt am

Ende das Bild einer unsicheren, oft ängstlichen Frau mit Schlafproblemen, die dem Wein etwas zu sehr zugeneigt ist und sich bei Diskussionen über das Gesundheitswesen oder Waffengesetze in eine schlangenhäuptige Hyäne verwandeln kann.

Ziemlich *viele* Dinge, an denen ich arbeiten konnte.

Und das tat ich: Um mein Selbstvertrauen zu stärken, nahm ich Schauspielunterricht. Um meinen Horizont zu erweitern, brachte ich benachteiligten Kindern das Schreiben bei. Außerdem kaufte ich eine Wohnung, adoptierte einen süßen Hund namens Taffy aus dem Tierheim (Bindung!) und nahm regelmäßig an Kursen im nächstgelegenen Yogastudio teil. Ich arbeitete die Checkliste all der Dinge ab, die möglicherweise »problematisch« sein konnten, und fand ein reichhaltiges, erfüllendes Gegengewicht. Wenn ich auf Partys ging oder Männer bei Internet-Dates traf, betrat ich den Raum hoch aufgerichtet und mit einem selbstbewussten Lächeln. *Seht ihr, wie gut es mir geht? Wie glücklich ich bin? Wie autonom als alleinstehender Mensch – aber auch die nötige Wärme und Verletzlichkeit ausstrahlend, um euch an mich heranzulassen?*

Ich hatte viel Spaß, schloss viele Freundschaften, reiste in ferne Länder – erlebte das ganze Drum und Dran des glücklichen Singlefrauendaseins. Aber mein Liebesleben, sofern es überhaupt existierte, war eine Mischung aus lahmen Verabredungen, seltsamen Knutsch-Sessions und zwei Monate dauernden »Was-war-das-eigentlichs«.

Währenddessen verliebten sich die Menschen um mich herum, als ob nichts weiter dabei wäre. Sie zogen zusammen, heirateten, bekamen Kinder – und das oft ohne einen einzigen Yogakurs! Ich begriff es einfach nicht. *Ich* war doch diejenige, die all die Bücher las. *Ich* war diejenige, die sich ihren Problemen stellte.

Während eines Besuchs bei einer Freundin in Oregon erreichte meine Frustration ihren Höhepunkt. Sie lebte damals mit ihrem süßen, netten Musiker-Freund in einem Zwanzigerjahre-Bungalow am See. Ich war extrem neidisch. Aber noch mehr als das war ich perplex – warum passierte das nie mir? Ich ließ die ganze Woche über meinen Frust raus, klagte darüber, wie unfair das Leben sei, und dachte laut darüber nach, was mit mir nicht stimmte. Meine Freundin war natürlich nach einer Weile ziemlich genervt.

»Du wirst niemanden finden, solange du nicht mit dir selbst ins Reine kommst«, meinte sie.

Ich kapierte es nicht – was dachte sie denn, was ich die ganze Zeit getan hatte? Und was war das überhaupt für eine Vorstellung, dass Selbstverwirklichung eine Voraussetzung für eine Beziehung sei? Ich kannte jede Menge glücklich verheirateter Paare, die ganze Wagenladungen von Blockaden mit sich herumschleppten. Wenn jeder erst »mit sich ins Reine« kommen müsste, um einen Partner zu finden, wäre die Menschheit schon längst ausgestorben.

Wie ich später erfuhr, sind diese Argumente wissenschaftlich untermauert. Der Psychologe John Gottman von der University of Washington (ein Heiratsforscher, der dafür bekannt ist, dass seine Prognosen in Bezug auf die Scheidungswahrscheinlichkeit frisch verheirateter Paare mit 91-prozentiger Sicherheit zutreffen) hat festgestellt, dass alltägliche Neurosen den Erfolg einer Ehe nicht behindern.

»Man könnte vermuten, dass Menschen mit Blockaden nicht für die Ehe geeignet seien«, schreiben er und sein Co-Autor Nan Silver in *Die 7 Geheimnisse der glücklichen Ehe*. »Aber in wissenschaftlichen Studien konnte nur ein marginaler Zusammenhang zwischen verbreiteten Neurosen und der Wahrscheinlichkeit, sich zu verlieben, nachgewiesen werden. Der Grund: Wir haben alle unsere kleinen Verrücktheiten – Dinge, mit denen wir nicht völlig rational umgehen können. Aber diese Dinge stehen einer Ehe nicht im Weg. Der Schlüssel zu einer glücklichen Ehe ist nicht eine ›normale‹ Persönlichkeit, sondern jemanden zu finden, zu dem man passt.«

Anscheinend kann man glücklich verheiratet sein, auch wenn man die Probleme mit der eigenen Mutter oder mit seinem Gewicht nie aufgearbeitet hat – eine Tatsache, die man intuitiv bestätigen kann, wenn man an drei beliebige Ehepaare aus dem Bekanntenkreis denkt.

Natürlich gibt es Menschen, die durch ihre emotionalen Probleme – von Allerweltsängsten vor Intimität bis hin zu ausgeprägten Persönlichkeitsstörungen – daran gehindert werden, langfristige Bindungen einzugehen. Das Problem ist, dass solch oberflächliche Schlussfolgerungen *allen* Singles auf der Suche nach Liebe an den Kopf geworfen werden. Sofern man nicht erklärt, dass die eigene Ungebundenheit völlig frei gewählt ist (was Misstrauen anderer Art weckt), steht die Frage »Was ist denn das Problem?« im Raum.

Was wäre, wenn das einzige »Problem« die Überzeugung wäre, dass man Probleme hat und dass sie einen von einer Beziehung abhalten? Was wäre, wenn man aufhören würde, sich selbst als jemanden zu definieren, der Angst vor Intimität hat oder sich zur falschen Art von Männern hingezogen fühlt? Was wäre, wenn man sich selbst als mit Fehlern behafteten, aber im Grunde liebenswerten Menschen sehen würde? Was wäre, wenn der einzige Grund für das eigene Alleinsein darin bestünde, noch nicht den richtigen Partner getroffen zu haben?

2
Du bist nicht selbstbewusst genug

Nach neunjährigem Singledasein war meine Freundin Marcella davon überzeugt, dass sie ein paar ernste Defekte hatte. Sie verbrachte unzählige Stunden damit, sie auf der Couch ihres Therapeuten durchzukauen. Marcella war Künstlerin und Unternehmerin und offen für die These, dass ihr tiefgehendes Interesse an ihrer Arbeit und ihre absolute Gleichgültigkeit gegenüber Mode oder Schönheitsbehandlungen Teil des Problems sein könnten. Sie befolgte brav die Empfehlung ihres Therapeuten, eine Visagistin und eine Shoppingberaterin anzuheuern, sowie den Rat einer Freundin, ständig zu lächeln. »Ich nahm mir vor, außer Haus ununterbrochen zu lächeln, aber das hielt nur vier Minuten an«, berichtete sie.

Und natürlich arbeitete sie an ihrem Selbstwertgefühl. »Aber es ist schwer, ein positives Bild von sich selbst zu haben, wenn der

Mann, mit dem man sich so gut verstanden hat, nie wieder angerufen hat. Man dachte, da sei diese wirklich positive Energie, und dann... nichts. Man versucht, sich einen Reim darauf zu machen, und dann gelangt man zu der Schlussfolgerung, dass es an einem selbst liegen muss, dass mit einem alles Mögliche nicht stimmt«, sagte sie. Marcella wies mich darauf hin, dass sie winzige geplatzte Äderchen im Gesicht hat – ich kannte sie seit Jahren und hatte die Äderchen noch nie bemerkt. »Irgendwann dachte ich, dass ich wegen der Äderchen nie heiraten werde. Man fängt an, alles unter die Lupe zu nehmen«, meinte sie.

Einem oberflächlichen Betrachter könnte Marcella wie das Musterbeispiel einer neurotischen Singlefrau vorkommen, die verrückt lächelt und sich über ihre Äderchen Gedanken macht, oder einer karrierebesessenen Vogelscheuche, die sich mit Klee und Kandinsky beschäftigt, statt zu lernen, wie man einen Schal bindet oder Lidschatten aufträgt. Und oft fühlte sie sich auch so. Trotz alledem lernte Marcella mit 38 bei einer Fahrradtour einen netten Mann kennen, den sie heiratete und mit dem sie einige Jahre später eine Tochter bekam.

Aber es war bestimmt ein mühsames Unterfangen, oder? Es muss Marcella doch wegen all der negativen Gefühle sich selbst gegenüber schwergefallen sein, einen anderen Menschen zu lieben? Nein, eigentlich nicht. Marcella berichtet, dass sowohl sie als auch ihr Mann ein eher schwach ausgeprägtes Selbstbewusstsein besitzen, aber große Gefühle füreinander haben.

Man kann keinen anderen lieben, solange man sich nicht selbst liebt. Das sagen wir alleinstehenden Menschen, meist nach irgendeinem niederschmetternden Ereignis – der Typ, mit dem man fünf wunderbare Verabredungen hatte, ruft nicht mehr an, oder man war an Silvester allein, wie schon letztes Jahr. Man fühlt sich elend, einsam, wie ein grotesker Außenseiter in einer Welt voller glücklicher (na ja, annähernd glücklicher) Paare.

Also schlägt man eine Frauenzeitschrift auf oder schaltet eine Talkshow für Frauen ein oder ruft eine Freundin an, und man stößt auf dieselbe wiederkehrende Diagnose: zu wenig Selbstwertgefühl. Insbesondere für Singles ist das die Großmutter aller persönlichen Makel, der Ursprung allen Übels, von einer zu wählerischen Haltung bis hin zu schierer Verzweiflung.

Uns wird gesagt, dass wir uns selbst lieben, an uns glauben und ein positives Selbstbild haben sollen. Das einzige Problem dabei: Wie soll man ein gesundes Selbstwertgefühl haben, wenn man sich beschissen fühlt?

Die Antworten darauf reichen von extrem peinlichen Ratschlägen (Stell dich vor einen Spiegel und sage heuchlerische bejahende Sätze über dich selbst auf.) bis hin zu Dingen, die immer gut sind, wie beispielsweise ehrenamtliche Mithilfe bei einer Tafel, nur dass es nicht darum geht, den Armen zu helfen. Es geht darum, eine hohe Meinung von sich selbst zu haben – als ob man gemeinnützige Dienste leistete, um die Auswahlkommission fürs Jurastudium zu überzeugen. Außer dass man in diesem Fall selbst der Türsteher ist und die Verkaufsmasche (die darauf basiert, wie mitfühlend und hilfsbereit man ist) dem schlimmsten Kritiker präsentiert wird.

Aber hey, wenn es doch funktioniert? Je mehr wir uns selbst mögen, desto mehr werden uns auch andere mögen, nicht wahr?

Nein, eigentlich nicht. Studien haben gezeigt, dass Menschen mit hohem Selbstwertgefühl nicht beliebter sind als Menschen mit geringem Selbstwertgefühl. Sie *glauben* nur, mehr bewundert zu werden, erklärt Kristin Neff, Psychologieprofessorin an der University of Texas in Austin. Bei einer Studie unter Collegestudenten mit stark ausgeprägtem Selbstbewusstsein fanden sich einige sehr gut informierte Kritiker – die Zimmergenossen, die von den selbstverliebten Probanden nicht halb so beeindruckt waren wie diese von sich selbst.

Aber das größere Problem beim Selbstwertgefühl ist die Tatsache, dass es vom Erfolg abhängig ist. Das heißt, wenn man es am dringendsten braucht, funktioniert es nicht – beispielsweise, nachdem einen der Typ, mit dem man das (vermeintlich) tolle Date hatte, abserviert hat. In ihrem Buch *Selbstmitgefühl* erklärt Neff, dass sich sehr selbstbewusste Menschen bei negativem Feedback von außen genauso schlecht fühlen wie Menschen mit geringem Selbstbewusstsein. Wenn sehr selbstbewusste Menschen etwas vermasseln (beispielsweise in einem Theaterstück ihren Text vergessen oder durch ihr schlechtes Spiel dazu beitragen, dass ihre Mannschaft ein Match verliert), ist die Wahrscheinlichkeit, dass sie denken: »Ich bin ein Loser« oder »Am liebsten wäre ich tot«, genauso hoch wie bei weniger selbstbewussten Menschen.

»Ein hohes Selbstwertgefühl hat meistens nicht viel zu bieten, wenn es drauf ankommt«, schreibt Kristin Neff.

Aber hier kommt die gute Nachricht: Es gibt Menschen, die die Demütigungen des Lebens ohne großen Schaden an ihrem Selbstwertgefühl überstehen. Wenn sie Niederlagen, Peinlichkeiten oder ein nicht gerade positives Feedback erleben, schlagen sie nicht die Hände vors Gesicht und stöhnen: »Ich Idiot, ich Idiot, ich Idiot!«. Stattdessen sagen sie sich Dinge wie: »Jeder haut mal daneben« oder »In einem größeren Zusammenhang betrachtet, hat das wirklich keine Bedeutung.«

Das sind Menschen mit Selbstmitgefühl, ein Konzept, das in letzter Zeit von Neff und anderen intensiv untersucht wurde. Menschen mit Selbstmitgefühl versuchen nicht, sich und andere davon zu überzeugen, wie großartig sie sind. Sie konzentrieren sich einfach darauf, freundlich zu sich selbst zu sein. »Das sind zwei sehr unterschiedliche Dinge«, erklärte mir Neff.

Wenn man Single ist, besteht ein verständlicher Zwang, die selbstbewusste Hochglanzversion von sich selbst zu präsentieren. Denn das sei für das andere Geschlecht attraktiv, heißt es so schön. Außerdem hilft es, in einer Welt, die gegenüber Singles recht herablassend sein kann, seine Würde zu bewahren. Das Problem ist, dass wir in unserem verständlichen Bemühen, uns von anderen nicht bemitleiden zu lassen, oft sehr streng gegenüber uns selbst sind.

Man fühlt sich mies, weil man der einzige Single bei einer Dinnerparty ist, aber statt die emotionale Herausforderung dieser Situation zu würdigen, kritisiert man sich selbst dafür, dass man nicht darübersteht. Die Kollegin berichtet von ihrer Verlobung, und man schämt sich für die Unaufrichtigkeit in der eigenen Stimme, wenn man »Ich freu mich so für dich!« sagt. Man grübelt zwanzig Minuten lang darüber nach, warum er nicht angerufen hat, und macht sich dann selbst dafür nieder, dass man so sehr dem Klischee aus Frauenfilmen entspricht.

Die meisten von uns sind viel härter zu sich selbst als zu ihren Freunden (oder sogar zu ihren Feinden), weshalb Neff dazu rät, mit sich selbst wie mit einem guten Freund zu reden: »Es tut mir leid, dass es dir heute so schlecht geht. Aber die Gefühle, die du gerade hast, klingen für mich ziemlich normal. Warum bist du nicht nachsichtiger mit dir? Wir fühlen uns alle manchmal schwach oder unsicher. Du bist nicht die Einzige.«

Durch diese Art von Selbstgespräch kann sich die Energie verschieben, sodass man nicht nur freundlicher mit sich selbst, sondern auch mit anderen umgeht. Nehmen wir beispielsweise diesen Dauerbrenner in puncto Angriff auf das Selbstwertgefühl: Der Typ, der versprochen hat, anzurufen, tut es nicht. Nach ein paar Tagen schickt man ihm eine kurze SMS, einen knappen Kommentar zu einem Witz, über den man gemeinsam gelacht hat. Seine Antwort: »LOL!«. Und das war's.

Da hat man's. Er steht einfach nicht auf einen. Et cetera. Man begreift, dass man keine andere Wahl hat, als die Sache abzuhaken, aber es tut trotzdem weh – und zwar sehr. In dieser Situation gibt es viele Möglichkeiten, zu sich selbst in Beziehung zu treten. Man kann sich mit der Frage nach dem Warum quälen. Ist man nicht hübsch genug? Nicht intelligent genug? Hat es ihn abgestoßen, dass man eine Vorliebe für diese kitschige Sitcom oder das etwas gestörte Verhältnis zur eigenen Schwester erwähnt hat? Nach dem Grund zu fragen, fühlt sich produktiv an (man lernt aus seinen Fehlern!), aber in Wirklichkeit ist es einfach eine Methode, sich selbst fertigzumachen. (Insbesondere, weil aus diesen Fragen nach meiner Erfahrung schnell Aussagen werden: »Ich bin nicht hübsch genug. Ich bin nicht intelligent genug...«)

Man könnte auch *ihn* niedermachen – eine beliebte Strategie bei Menschen mit ausgeprägtem Selbstwertgefühl. Was für ein Idiot will nicht mit einem so tollen Menschen wie einem selbst zusammen sein? Sicher schüchtern ihn starke Frauen ein. Wahrscheinlich konnte er nicht damit umgehen, dass man ein Haus besitzt oder den obersten Chef kennt. Oder er ist ein Serien-Dater, ein professioneller Schuft, der gut darin ist, die Gefühle von Frauen zu manipulieren. Wer immer er ist – dieser Typ hat ernste Probleme.

Und dann gibt es noch den selbstmitfühlenden Ansatz. Statt Schuld zuzuweisen, hält man einfach einen Moment inne und würdigt die schmerzliche Enttäuschung, die man gerade empfindet. Man versucht nicht, sich die schlechten Gefühle auszureden – da schlechte Gefühle nun einmal eine völlig natürliche Reaktion auf Zurückweisung darstellen. Stattdessen beschwört man einen guten Freund herauf: »Es tut mir so leid, dass du das durchmachst. Ich weiß, dass es hart und verunsichernd sein muss. Ich wünschte, ich könnte mehr tun, um dich zu trösten, aber du weißt ja, dass dieses Gefühl vorübergehen wird. Wir werden alle manchmal zurückgewiesen. Egal, was mit diesem Typ war – du verdienst eine tolle Beziehung.«

Mit Selbstmitgefühl müssen wir uns nicht größer machen, als wir sind, oder andere Menschen niedermachen. Wir müssen keine Energie auf Selbstlob verschwenden, weil wir schon wissen, dass wir in Ordnung sind – egal, was dieser oder jener Typ denkt.

Selbstmitgefühl dämpft nicht nur die Schläge, die das Leben austeilt, sondern stärkt auch unsere Fähigkeit, uns wieder davon zu erholen. Neff erläutert, dass die Annahme, Selbstkritik motiviere uns zum Handeln, falsch sei. Malen Sie es sich doch einmal aus: Sie können die Tage und Wochen, nachdem Sie abserviert wurden, damit zubringen, alle möglichen Gründe durchzugehen, die diesen Typ dazu bewogen haben könnten, Sie nicht als Freundin in Betracht zu ziehen. Vielleicht hielt er Ihren Musikgeschmack für unterirdisch oder es war ihm peinlich, dass Sie keinen Frisbee werfen konnten. Sie können aber auch beschließen, besonders nett zu sich selbst zu sein – eine Dauerkarte für den Yogakurs kaufen, das Mittagessen im Park einnehmen oder zwei Filme mit Bette Davis hintereinander anschauen. Welche Strategie erhöht wohl die Wahrscheinlichkeit, dass Sie sich demnächst wieder verabreden?

3
Du bist zu negativ

Machen Sie sich Gedanken über den Klimawandel? Erschreckt es Sie, wie sehr das Geld den demokratischen Prozess korrumpiert? Ist Ihnen aufgefallen, wie der Restaurantbesitzer sein Personal schikaniert? Bei einer Verabredung behalten Sie diese Beobachtungen lieber für sich.

Experten mögen darüber uneins sein, wie selbstbewusst oder verletzlich oder gesprächig man gegenüber dem anderen Geschlecht sein sollte, aber beim Thema Optimismus gibt es fast einen allgemeinen Konsens: Lächeln, mein Schatz.

Und wer könnte dagegen etwas einwenden? Jeder kennt Menschen, die endlos jammern und klagen oder sich von ihrer Depression beinahe lähmen lassen. Deshalb eignen sich manche Gesprächsthemen (der alkoholabhängige Vater oder die Knieoperation) sehr schlecht zum gegenseitigen Kennenlernen.

Aber die meisten von uns haben ohnehin die entsprechenden Umgangsformen, um sich nicht allzu ausführlich über ihre

Steuerprüfung oder Warzen an den Fußsohlen auszulassen. Leider bedeutet das unablässig wiederholte Mantra »Sei positiv«, dass jeder, der seinen Job nicht mag oder komplizierte familiäre Beziehungen hat (ein ziemlich großer Bevölkerungsanteil), diese unbequemen Wahrheiten mit optimistischen Platituden über Chefs, die hart, aber fair sind, übertünchen muss.

Ich hatte zwar immer eine (meiner Meinung nach) realistische Weltsicht, habe aber bei Verabredungen versucht, mich an der gängigen Auffassung zu orientieren und gute Laune zu verbreiten.

Manchmal blieb diese Stimmung erhalten, und wir hatten einen angenehmen Abend, sprachen über die Arbeit, die uns Spaß machte, und Urlaubsreisen, auf die wir uns freuten. Aber diese Verabredungen habe ich größtenteils längst vergessen. Die wirklich guten Verabredungen waren diejenigen, bei denen wir die positive Fassade relativ schnell ablegten. Bei denen wir über Scheidung und Stieffamilien und schmelzende Polkappen redeten. Bei denen wir vergaßen, uns selbst zu zensieren und zu verkaufen, bei denen wir einfach wir selbst waren – zwei ein wenig einsame Menschen, die versuchten, sich einen Reim auf all das zu machen. (Eines der Dinge, die ich am Onlinedating mochte, war, dass es alle auf den Boden der Wirklichkeit bringt – wenn man an einem Samstagabend gegen 22.00 Uhr online ist, kann man nicht die »Was hab ich doch für ein tolles Leben«-Karte ausspielen.)

Offenbar bin ich nicht jedermanns Traum-Date. Natürlich ziehen *manche* Leute es vor, dass man – nach dem verhassten

Job gefragt – den Rat eines Populärpsychologen befolgt: »Na ja, ich weiß nicht, ob ich sagen kann, dass die Arbeit Spaß macht, aber die Leute sind jedenfalls toll!« Manche Leute hören sich einfach nicht gern schlechte Nachrichten an.

Andererseits hören sich manche von uns nicht gern Blödsinn an. Manche würden lieber hören: »Weißt du, ich mache diese Arbeit schon seit fünfzehn Jahren, und mir gefällt es gar nicht, in welche Richtung sich mein Beruf entwickelt. Ich weiß gerade wirklich nicht, was ich tun soll.« Ob man das Gefühl hat, dass einen jemand runterzieht, oder man ihn einfach erfrischend ehrlich findet, ist Geschmackssache.

Trotzdem: Auch wenn die Dating-Gurus es ein bisschen übertreiben – wäre es nicht ... äh ... positiv, eine positive Haltung zu kultivieren?

Nicht unbedingt. In *The Antidote: Happiness for People Who Can't Stand Positive Thinking* erklärt der Journalist Oliver Burkeman, wie das Unterdrücken negativer Gedanken dazu führen kann, dass sie mehr Gewicht bekommen, ein Phänomen, das als »ironische Prozesse« bezeichnet wird.

Die meisten von uns kennen das Gedankenexperiment, bei dem man angewiesen wird, nicht an rosa Elefanten zu denken, und dann natürlich feststellt, dass Dinge, die man aus den Gedanken zu verbannen versucht, sich umso mehr in den Vordergrund drängen: Der Versuch, nicht an rosa Elefanten zu denken, erhöht das Bewusstsein für rosa Elefanten. Deshalb funktioniert die Anweisung, »positiv zu denken« nicht. »Jemand, der beschlossen hat, positiv zu denken, muss seine Gedanken ständig nach negativen Inhalten durchsuchen, weil es keine andere Möglichkeit gibt festzustellen, ob man erfolgreich war. Aber gerade dieses Durchsuchen lenkt die Aufmerksamkeit auf negative Gedanken«, schreibt Burkeman.

In einem Experiment, bei dem die Probanden angewiesen wurden, wegen eines unglücklichen Ereignisses nicht traurig zu sein, waren die Betreffenden betrübter als diejenigen, die keine Anweisungen erhalten hatten. Bei einer anderen Studie stellte sich heraus, dass Menschen, die unter Angststörungen litten und sich Entspannungskassetten anhörten, einen schnelleren Herzschlag hatten als diejenigen, die Hörbücher zu nicht auf Entspannung bezogenen Themen hörten. Nach dem Tod eines Angehörigen brauchen Menschen, die ihre Trauer unterdrücken, länger, um darüber hinwegzukommen, als Menschen, die den Verlustschmerz zulassen. Außerdem hat sich herausgestellt, dass bejahende Aussagen über sich selbst nicht nur peinlich sind – eine Studie hat zudem gezeigt, dass sich Menschen mit geringem Selbstbewusstsein *schlechter* fühlten, nachdem sie mehrmals den Satz »Ich bin ein liebenswerter Mensch« aufgesagt hatten.

»Unter diesem Gesichtspunkt wirkt die unablässige gute Laune des positiven Denkens weniger wie ein Ausdruck der Freude als vielmehr wie der mühsame Versuch, jede Spur von Negativität auszumerzen... Ein Positivdenker kann sich niemals entspannen, da sich sonst Trauer oder das Gefühl des Versagens einschleichen könnten«, schrieb Burkeman in der *New York Times*.

Der Rat »Sei positiv« führt dazu, dass man sich vor der Dunkelheit fürchtet. Man hat alle Lichter eingeschaltet und ist ständig wachsam. Statt Negativität ausmerzen zu wollen, lässt sich Burkeman von den Buddhisten inspirieren: Es ist eine viel effektivere Strategie, unglückliche Umstände oder unangenehme Gefühle als das zu sehen, was sie sind – ein Teil des Lebens, nichts, was einen aus der Fassung bringen müsste. Er fasst diese Sichtweise mit den Worten des Philosophen Alan Watts aus der Gegenkultur der Sechzigerjahre zusammen: »Wenn man versucht, an der Wasseroberfläche zu bleiben, sinkt man. Aber wenn man zu sinken versucht, treibt man nach oben.«

Das ist der beste Dating-Rat, den ich je gehört habe. Statt den Gefühlscocktail, der sich beim Betreten des Restaurants in einem zusammenbraut (Nervosität, Ambivalenz, Lust) zu unterdrücken, kann man ihn doch auch einfach wahrnehmen und weitermachen?

Beim Dating befindet man sich in einem Zustand äußerster Verletzlichkeit. Man verlässt die Komfortzone des eigenen Zuhauses und Freundeskreises, um sich der kritischen Begutachtung durch Fremde auszusetzen. Man gleitet in diese Nische im Restaurant, lässt Laptop und Sporttasche auf den Boden fallen und sagt: »Hallo, ich bin Sara, schauen wir doch mal, ob wir zusammen ein neues Leben anfangen können. Okay?«

Optimistischer geht's nicht.

4
Du bist zu emanzipiert

1970 schrieb eine australische Studentin den Satz *Eine Frau ohne Mann ist wie ein Fisch ohne Fahrrad* an zwei Klowände – in einer Bar und an der Universität. Sie wandelte dabei eine Zeile aus einem ihrer Philosophietexte ab (»Ein Mensch braucht Gott so dringend wie ein Fisch ein Fahrrad«) und hatte sicher ihren Spaß. »Die Inspiration dazu kam mir durch die Beteiligung an der wiederauflebenden Frauenbewegung und ein bisschen aus Klugscheißerei«, schrieb Irina Dunn, die später Mitglied des australischen Senats wurde.

Seit damals ist Dunns Augenblick der frechen Rebellion Beweisstück A bei zahllosen Erklärungsversuchen im Hinblick auf die Beziehungsprobleme intelligenter, unabhängiger Frauen. (Der Satz wird oft fälschlicherweise der Feministin und Frauenrechtlerin Gloria Steinem zugeschrieben, die dies allerdings mehrmals richtiggestellt hat.) Wie *Free to Be You and Me* und das Verbrennen von BHs (das nie tatsächlich stattgefunden hat,* aber was soll's) ist der Fahrrad fahrende Fisch ein praktisches Symbol dafür, wie der Feminismus das Liebesleben von Frauen ruiniert hat.

Fast niemand würde bestreiten, dass es großartig ist, dass Frauen jetzt studieren können, das Recht auf Eigentum haben und für politische Ämter kandidieren können. Wir können auf eigene Faust die Welt erkunden, intellektuell anspruchsvolle Berufe ausüben, unsere eigene Identität formen und nach der wahren Liebe suchen. Die Sache hat nur einen winzigen Haken: Wir haben unsere Chancen auf eine Heirat deutlich verringert.

In früheren Zeiten fiel männlichen Redakteuren und Reportern, die aus ihrer Verachtung für eine neue Sorte weiblicher Monster, sogenannter »Karrierefrauen«, kein Geheimnis machten, die Aufgabe zu, ehrgeizigen Frauen zu erklären, dass sie niemals einen Partner finden würden. Später ließen die Medien die Zahlen für sich sprechen – uns wurden klinische Analysen präsentiert, in denen unsere Heiratswahrscheinlichkeit mit der Wahrscheinlichkeit, von Terroristen getötet zu werden, gleichgesetzt wurde (rückblickend ein besonders grausiger Vergleich). Heutzutage überbringen Frauen derart schlechte Nachrichten, und oft ist die Überbringerin selbst Single und stellt ihr eigenes Leben zum Wohl aller Frauen als abschreckendes Beispiel dar.

Unabhängig von der Art der Übermittlung ist die Legende

---

* Bei einem »Miss America«-Protest im Jahr 1968 wurden BHs, Korsette, hochhackige Schuhe und Kosmetika in eine Abfalltonne geworfen, aber nicht angezündet.

von der »zur Einsamkeit verdammten Karrierefrau« so langlebig wie ein Disney-Märchen und wird von Generation zu Generation in neuer Verpackung weitergegeben.

Natürlich wird dem scharfsinnigen Leser nicht entgangen sein, dass die Terroristenstatistik nicht der Wahrheit entspricht. Das haben wir aus Susan Faludis Buch *Backlash* erfahren. Und die Zeitschrift *Newsweek* entschuldigte sich nach zwanzig Jahren dafür, dass sie Akademikerinnen erklärt hatte, sie hätten fast keine Chance, nach ihrem vierzigsten Geburtstag noch zu heiraten. Sie verwies darauf, dass die von ihr zitierte Studie falsch gewesen sei, weil diese von Daten aus der Vergangenheit Zukunftsprognosen abgeleitet und mögliche zukünftige Veränderungen beim Heiratsverhalten nicht in Betracht gezogen habe – wer hätte schon ahnen können, dass sich Frauen 2006 völlig anders verhalten würden als 1966? »Solche unerwarteten Verschiebungen machen demographische Prognosen extrem schwierig. Es ist, als ob man mitten in einem Hurrikan das Wetter vorherzusagen versuchte«, meinten die Redakteure.

Es gibt noch etwas, das der Mangel an Ehemännern mit Hurrikans gemeinsam hat: Der nächste ist immer schon im Anzug. Welche wirtschaftlichen und bildungsbezogenen Vorteile Frauen auch erringen mögen, irgendjemand wird immer einen neuen Algorithmus finden, der erklärt, warum kluge, unabhängige Frauen, die gern heiraten würden, keine Chance haben.

Das Problem dabei: Das ist alles nicht wahr.

Tatsächlich ist die Heiratswahrscheinlichkeit bei Akademikerinnen höher als bei schlechter ausgebildeten Frauen – und die

Scheidungswahrscheinlichkeit geringer. Hochschulabschlüsse und hohe Jahreseinkommen sind keine Hindernisse auf dem Weg zum Traualtar. Die Soziologin Christine Whelan hat herausgefunden, dass bei Frauen zwischen 30 und 44 mit einem Einkommen von mehr als 100 000 Dollar die Heiratswahrscheinlichkeit höher ist als bei Frauen mit geringerem Einkommen.

Frauen wird oft erzählt, dass die beste Strategie zur Sicherung lebenslangen Glücks darin bestehe, noch in der Schule einen Partner zu ergattern und kurz nach dem Abschluss zu heiraten. Aber diese mütterliche Weisheit steht im Widerspruch zu Heirats- und Scheidungsstatistiken. Tatsache ist: Je älter die Braut, desto stärker die Ehe.

Die Wirtschaftswissenschaftlerin Dana Rotz, Forscherin bei Mathematica Policy Research, hat festgestellt, dass eine Frau mit jedem Jahr, um das sie ihre Heirat hinausschiebt, ihr Scheidungsrisiko senkt. Bei einer Frau, die zum ersten Mal mit Ende zwanzig (27 bis 29) heiratet, ist die Scheidungswahrscheinlichkeit um fünfzehn Prozent niedriger als bei einer Frau, die mit Mitte zwanzig heiratet. Wenn sie bis Anfang dreißig (30 bis 34) wartet, sinkt das Risiko um weitere fünfzehn Prozent. »Ehen, die geschlossen werden, wenn die Frau Ende dreißig (35 bis 39) ist, sind noch stabiler: Die Scheidungswahrscheinlichkeit ist hier um 46 Prozent niedriger als bei Ehen, die beginnen, wenn eine Frau zwischen 23 und 26 Jahre alt ist. Bis Anfang vierzig besteht ein Zusammenhang zwischen dem Aufschieben der Heirat und einem niedrigeren Scheidungsrisiko«, erklärte sie mir.

Rotz weist darauf hin, dass der Trend sich bei Frauen, die jenseits der vierzig heiraten, möglicherweise fortsetzt, dass aber noch keine ausreichenden Daten dazu vorlägen. »Eheschließungen nach dem vierzigsten Geburtstag sind zwar heutzutage nicht mehr ungewöhnlich, aber wir brauchen Daten zu Menschen, bei denen die Heirat schon eine Weile zurückliegt, um zu wissen, ob sie geschieden wurden. Da die späte Ehe erst jetzt häufiger wird, haben wir einfach noch nicht genügend Daten, um zu wissen, was Sache ist«, meinte Rotz, die diese Forschungen durchführte, als sie in Harvard in Wirtschaftswissenschaften promovierte.

Ich wiederhole diese gute Nachricht noch einmal, weil sie nicht dem entspricht, was uns Frauen seit vielen Jahren gepredigt wird: Wenn wir gut ausgebildet sind und uns die Zeit nehmen, uns beruflich und als selbstständige erwachsene Menschen zu etablieren, ist laut neueren wissenschaftlichen Studien nicht nur die Wahrscheinlichkeit höher, dass wir heiraten, sondern auch die Wahrscheinlichkeit, dass wir verheiratet bleiben. Ach ja, und mehr Geld verdienen wir auch.

Warum sind dann so viele Medienleute und Strategieexperten davon überzeugt, dass ein scharfer Verstand und unabhängiger Geist die Chancen einer Frau auf einen Partner in den Keller rutschen lassen? »Weil es früher einmal zutraf«, erklärt die Familienhistorikerin Stephanie Coontz.

Lange Zeit bestand tatsächlich ein Zusammenhang zwischen Bildung und schlechten Heiratschancen. »Frauen waren wirklich gut damit beraten, das ›Dummchen zu spielen‹, um einen

Mann zu ergattern. Aber das ist nicht mehr so. Früher fühlten sich Frauen zu älteren, mächtigen Männern hingezogen, die mehr verdienten als sie. Das trifft nicht mehr zu«, schreibt Coontz in *In schlechten wie in guten Tagen*. »Dennoch bilden diese überholten Annahmen immer noch die Grundlage der Lebensplanung vieler Menschen und der Sozialpolitik.«

Und wir bestätigen sie unbewusst. Wir sind so daran gewöhnt, beruflichen und privaten Erfolg als einander ausschließend zu betrachten, dass Singles, die nach ihrem Beziehungsstatus gefragt werden, standardmäßig mit »Ich konzentriere mich auf meine Karriere« antworten.

Sie kennen das ja. Man ist bei einer Hochzeit oder einem Geschäftsessen und wird vom Tischnachbarn gefragt, ob man verheiratet sei, und antwortet mit Nein.

Dann entsteht da diese... Lücke. Also füllt man sie aus: »Meine Arbeit hält mich so auf Trab. Ich hab nicht mal die Zeit, über Verabredungen nachzudenken« oder etwas in der Art.

Man sagt es, weil es der Wahrheit entspricht – man *ist* sehr beschäftigt. Aber vor allem, weil gerade nicht der richtige Zeitpunkt ist, um über die zahlreichen komplizierten Faktoren zu reden, die dazu geführt haben, dass man mit 36 Jahren noch nicht verheiratet ist. Es ist der Zeitpunkt, um über den Eurokurs oder die neue Branding-Strategie eines Wettbewerbers zu sprechen. Man lenkt das Gespräch nicht von seinem Privatleben weg, weil es so düster und verstörend wäre, sondern weil man erwachsen ist.

Leider ist diese soziale Intelligenz oft missverstanden worden. Anscheinend haben wir bei vielen Menschen den Eindruck hinterlassen, dass wir unser Privatleben mit derselben Präzision planen wie unsere Karriere, dass wir die Ehe »hinausschieben«, als ob Sich-Verlieben etwas sei, das man planen könne. Als ob wir unseren verträumt dreinschauenden Verehrern sagen würden: »Du bist toll, und ich bin total in dich verliebt. Aber im Augenblick konzentriere ich mich auf meinen Beruf. Beschissenes Timing, ich weiß, aber was soll ich machen?«

Natürlich sagt man solche Dinge bei Trennungen. »Ich habe einfach gerade keine Zeit für eine Beziehung« ist sowohl bei Männern als auch bei Frauen ein Dauerbrenner. Und manchmal glauben wir es selbst, weil die Arbeit an diesem Marketingbericht aus irgendeinem Grund reizvoller ist als das Abendessen mit Tim.

Aber das bedeutet nicht, dass man von der Arbeit besessen ist, sondern dass man wahrscheinlich einfach nicht auf Tim steht. Man trennt sich nicht von jemandem, den man liebt, weil man gerade beruflich »so viel um die Ohren hat«. Wenn man verliebt ist, nimmt man sich jeden nur möglichen kostbaren Augenblick. Man fährt den Angebeteten zum Flughafen, damit man die Zeit auf der Autobahn noch gemeinsam verbringen kann. Man knutscht an Straßenecken herum, bevor man zum Büro zurückhetzt. Man lässt sich mit dem Firmenwagen um 23.00 Uhr bei ihm absetzen und um 5.00 Uhr wieder abholen. Angehörige und Freunde werden vernachlässigt. Zimmerpflanzen welken und gehen ein. Rechnungen werden nicht bezahlt, Teller nicht gespült. Aber man findet Zeit füreinander.

Das Dauer-PR-Problem des Feminismus wurzelt paradoxerweise in seinem Erfolg. Der Grundgedanke, dass Frauen gleiche Rechte und Chancen haben sollten, wurde so schnell in die Mainstream-Kultur aufgenommen, dass wir davon ausgehen, es sei schon immer so gewesen. Man vergisst leicht, dass noch in den Siebzigerjahren Frauen gesagt wurde, sie könnten ohne Erlaubnis ihres Ehemanns keine Kreditkarte bekommen und kein Auto kaufen. Als ich in den Siebzigerjahren aufwuchs, war die Vorstellung, dass eine Frau eine nicht über den Mann definierte Identität haben könne, noch neu und umstritten. Der Fisch-Fahrrad-Vergleich mag etwas übertrieben gewesen sein, na schön. Aber er war seiner Zeit angemessen und ein griffiger Spruch für Frauen in einer Gesellschaft, in der ihnen gesagt wurde, dass sie ohne Mann nichts seien.

Der Feminismus hat den Frauen nie versprochen, dass das Leben einfach sein würde, dass es keine schwierigen Entscheidungen und massiven Nachteile geben würde. Er hat nie behauptet, dass die Firmenanwältin, die seit vier Monaten kein freies Wochenende mehr hatte, nicht manchmal der Hipster-Mama, die eine Handysocke strickt, während ihre Kinder im Park spielen, sehnsüchtige Blicke zuwerfen würde. Er hat lediglich verlangt, dass sie die Freiheit haben müsse, ihre eigenen Entscheidungen zu treffen (und Fehler zu machen), weil sie klug genug ist, ihren eigenen Weg zu finden.

In seinem Leben Handlungsfreiheit zu haben, schränkt nicht die Fähigkeit ein, es mit einem anderen Menschen zu teilen – es fördert sie sogar.

5
Du bist zu einschüchternd

Am Anfang ihrer PR-Karriere wurde Suzanne von einem Chef darauf hingewiesen, dass ihr Selbstvertrauen auf andere Menschen einschüchternd wirken könne. Suzanne wusste das Feedback zu schätzen (sie hatte eine gute Beziehung zu diesem Chef), wusste aber nicht, welche Konsequenzen sie daraus ziehen sollte. »Bedeutete es, dass ich *mangelndes* Selbstvertrauen zeigen solle? Ich wusste nicht, was ich damit anfangen sollte, aber es blieb zwanzig Jahre an mir hängen«, sagte sie.

Viele Jahre später – inzwischen über dreißig und unfreiwillig Single – bekam sie immer noch Kommentare dieser Art zu hören. Männliche Freunde ließen sie wissen, dass ihre souveräne Art und ihr beruflicher Erfolg einschüchternd auf Männer wirken würden. Auch das machte Suzanne wieder etwas ratlos. Sie war nicht Vorstandsvorsitzende eines großen Konzerns oder Außenministerin, sondern eine Kommunikationsberaterin, die eine Eigentumswohnung und mehrere Autos besaß und selbstbewusst genug war, um allein zu reisen oder in einem Restaurant zu essen.

»Meine Freunde sagten mir, das könne Männer abschrecken, weil sie dann nicht wüssten, wo eigentlich Raum für sie sei. Sie könnten es als einen Angriff auf ihre Männlichkeit sehen. Sie sagten, ich müsse ein bisschen verletzlich wirken. Aber ich wusste nicht, wie das aussehen soll. Wie zeigt man jemandem, dass es Raum für ihn gibt, ohne schwach und bedürftig zu wirken?«, fragte Suzanne.

Als Suzannes damaliger Freund anmerkte, dass sie nicht wie die Frauen sei, mit denen er früher ausgegangen war (dass deren Anziehungskraft zum Beispiel darin bestanden habe, dass sie ihn alle Verabredungen planen ließen), machte sie ein Experiment. Bei einem Bowlingabend mit Freunden versuchte sie, wie seine Verflossenen zu sein.

»Ich beschloss, ihn ständig um Rat zu fragen und darauf zu achten, dass ich nicht zu stark rüberkam. Ich verhielt mich nicht direkt schwach, aber ich fragte ihn zum Beispiel, was ich essen solle – einen Hotdog oder einen Hamburger. Ich leistete mir ständig Fehlwürfe. Er reagierte sehr positiv auf all das.«

Anderen in der Gruppe fiel es auch auf. »Eine der Frauen, die dabei waren, sagte: ›Ich glaube, Keith ist sehr gut für dich; mit ihm wirkst du verletzlicher.‹ Ich weiß noch, dass ich dachte: *Also das ist es, was ich tun muss? Ich weiß nicht, ob ich das durchhalte.*«

Der Spruch »Du bist zu einschüchternd« gehört zum Standardrepertoire von Dating-Ratgebern. Und da die meisten intelligenten Frauen mit Selbstachtung ihn irgendwann zu hören bekommen, werfen wir manchmal einen Blick zwischen die pinkfarbenen Buchdeckel dieser Ratgeber und erfahren, dass die Eigenschaften, die zu unserem Erfolg im Leben (eigener Beruf, eigene Wohnung, Interessen jenseits von Kleidung und Make-up) beitragen, sich bei der Partnersuche als nachteilig erweisen können. Außerdem zeichnen sie ein merkwürdiges Porträt von Männern: Sie werden dargestellt, als ob sie alle Macht besäßen, gleichzeitig aber Mimosen seien, denen jede Frau Angst mache, die einen tropfenden Wasserhahn reparieren oder ein Kreditderivat auflösen kann.

Laut diesen Ratgebern brauchen Männer das Gefühl, gebraucht zu werden. Wenn eine Frau ein eigenes Haus und eine Zahnarztpraxis hat – was für einen Sinn hat dann eine Beziehung mit ihr? »Ungeachtet der guten Absichten dieser Ratgeber lautet die ihnen zugrunde liegende Botschaft, dass Frauen wegen der gesellschaftlichen Vorteile, die sie in den letzten Jahrzehnten errungen haben, bei der Partnersuche scheitern. Diese Vorteile – und hier kommt der wahre Tiefschlag – machen Frauen im Grunde *nicht liebenswert*«, schreibt Mari Ruti, Professorin an der University of Toronto, in ihrem herrlichen Buch *The Case for Falling in Love*.

Ruti beschloss, die Annahme, dass eine Frau, die gewisse Grundkompetenzen zeige, weniger attraktiv sei, einer Überprüfung zu unterziehen. Sie schickte ihren männlichen Freunden einen aus einer einzigen Frage bestehenden Fragebogen, der auf einer Empfehlung in einem Beziehungsratgeber basierte: Würde es sie abturnen, ihre Frau oder Freundin eine Glühbirne wechseln zu sehen?

Ihre Freunde waren verblüfft – *natürlich nicht*. »Wenn eine Frau zu erkennen gäbe, dass sie nicht in der Lage sei, eine Glühbirne zu wechseln, wäre das ein untrügliches Zeichen dafür, dass sie ein Schwachkopf ist. Und ich fühle mich im Allgemeinen nicht zu Schwachköpfen hingezogen«, schrieb einer.

»Ich fürchte, es würde mich extrem abturnen, wenn ich feststellen müsste, dass meine Freundin keine Glühbirne wechseln kann. Für mich besteht ein großer Teil dessen, was ich für eine attraktive Frau empfinde, aus Respekt und Bewunderung. Kompetenz in irgendeiner Hinsicht ist für mich der größte Anturner«, meinte ein anderer.

Rutis Umfrage war nicht wissenschaftlich fundiert. Sie stellte die Frage auf eine bestimmte Art und schickte sie einer bestimmten Gruppe von Männern. Sie wusste im Voraus, wie ihre Antwort ausfallen würde. Und genau darum ging es – sie wandte die Methodik der Dating-Ratgeber an, die sie gelesen hatte. »Nicht alle Männer sind wie meine Freunde. Aber es sind auch nicht alle völlig anders als sie. Die ›Männer‹, die in Selbsthilfebüchern beschrieben werden (diejenigen, die nicht wollen, dass Frauen eine Glühbirne wechseln können) sind nicht repräsentativer als meine aufgeklärten Freunde.«

Das heißt, man *könnte* sich zwar wie ein Dummchen verhalten, um das zerbrechliche Ego irgendeines Typs zu streicheln, aber, wie Ruti betont, würde man sich damit selbst schaden. »Man könnte denken, dass es einem Vorteile bei der Partnersuche bringt, sich hilflos zu geben. Aber in Wahrheit erreicht man damit nur, dass die emanzipierten Männer abgeschreckt werden«, schrieb sie.

Natürlich haben viele Frauen Kompetenzen, die weit über grundlegende Haushaltsaufgaben hinausgehen. Sie leiten große Belegschaften, halten Plädoyers in Prozessen, die zu Präzedenzfällen werden, und führen Operationen am offenen Herzen durch. Diese hochkompetenten – oder auch nur mittelmäßig kompetenten – alleinstehenden Frauen bekommen regelmäßig zu hören, dass die Eigenschaften, die ihnen zum beruflichen Erfolg verhelfen, bei der Partnersuche von Nachteil seien. Das heißt, man rät ihnen, für die Freizeit eine völlig andere, zweite Persönlichkeit zu entwickeln.

Diese Theorie geht allerdings von der Annahme aus, dass alle beruflich erfolgreichen Frauen am Arbeitsplatz Ultramachos sind – dass sie aufgestiegen sind, indem sie hart, gemein oder aggressiv waren. Aber entspricht das den Tatsachen?

Denken Sie mal an die erfolgreichsten Menschen, die Sie kennen – Männer oder Frauen. Sicher sind einige arrogante Schweine darunter. Die Wirtschaftsgeschichte zeigt eine lange Reihe von Menschen, die durch rücksichtslose Härte gegenüber den Bedürfnissen und Gefühlen anderer zu extremem Wohlstand gelangt sind.

Aber verhält sich so die Mehrheit beruflich erfolgreicher Menschen?

Denken Sie an die beste Chefin, die Sie je hatten, die Chefin, für die Sie samstags gearbeitet haben und die Ihnen das Gefühl gegeben hat, wertgeschätzt zu werden, auch wenn sie Ihnen gesagt hat, dass dieses Jahr niemand eine Gehaltserhöhung bekäme. War sie kalt und unpersönlich? Gab sie anderen das Gefühl, missachtet zu werden und überflüssig zu sein?

Oder verstand sie (wie alle guten Führungskräfte), dass man seine Mitarbeiter zu sehr viel mehr Loyalität und Arbeitsbereitschaft motiviert, wenn man ihnen deutlich macht, wie wichtig sie sind? Wirklich erfolgreiche Menschen wissen, dass Lob, Wertschätzung und Aussagen wie »Was würde ich bloß ohne Sie tun?« die weitaus bessere Personalführungsstrategie sind als vorgetäuschte Allmacht. Spricht dann der berufliche Erfolg nicht gerade *für* interpersonelle Kompetenzen?

Wir wollen alle das Gefühl haben, gebraucht zu werden, und wir wollen alle mit Menschen zusammen sein, die bei Bedarf auch allein zurechtkommen. Wie passt das zusammen?

Fragen Sie sich doch einmal, ob Sie je einen Kollegen, Freund oder Verwandten angesehen und eine der folgenden Aussagen gemacht haben:

»Danke für deine Hilfe. Ohne dich hätte ich das wirklich nicht geschafft.«

»Kennst du dich mit dieser Software aus? Ich mache schon zwanzig Minuten damit rum und bekomme immer nur Fehlermeldungen.«

»Könntest du mir mal kurz helfen, diesen Tisch zu tragen? Er ist zu schwer für mich.«

Mit anderen Worten: Haben Sie je einen anderen Menschen angeschaut und gesagt: »Du hast Fähigkeiten und Stärken, die ich nicht besitze, weil ich nicht in allem hundertprozentig perfekt bin. Könntest du mir vielleicht helfen?«

Suzanne hat das getan. Und letztlich heiratete sie einen Mann, der genug Selbstvertrauen hatte, um sie ihr verdammtes Sandwich selbst auswählen zu lassen.

6
Du bist zu verzweifelt

Es war Ende Dezember, und ich klagte gegenüber einem verheirateten Freund darüber, dass ich die Weihnachtszeit wieder einmal ohne Partner verbringen müsse. Verständlicherweise reagierte er etwas ungehalten: »Sara, du kriegst es in fast jeder Hinsicht auf die Reihe, nur bei diesem Thema verwandelst du dich in dieses lächerliche *kleine Mädchen*«, meinte er.

Ehe und Familie werden immer als der wichtigste und wertvollste Teil des Lebens gepriesen – für diejenigen, die daran teilhaben. Aber die alleinstehende Frau, die sagt: »Das hätte ich auch gern«, wird sofort als albern und bemitleidenswert abgetan. Aus der Tatsache, dass man sich nach Liebe sehnt, wird geschlossen, dass man noch nicht dafür bereit sei.

Diese Form der Singlebeschämung ist das genaue Gegenteil des Spruchs »Du bist zu emanzipiert und deshalb keine richtige Frau«. Durch jedes Anzeichen von Wehmut gibt man sich als eine Art Depp, als oberflächlichen Hohlkopf zu erkennen, der keine anderen Sorgen als Einkaufen, Pediküre und »Wird er anrufen?« hat. Meine alleinstehenden Freundinnen und ich hatten keinerlei Interesse an Einkaufen oder Pediküre, schämten uns aber sehr dafür, dass wir uns nach Liebe sehnten.

Deshalb bemühte ich mich so sehr, dem Ideal von »Ich bin Single und ich bin es gern!« zu entsprechen. *Hey, schau dir mal meine tolle Wohnung, meinen erfüllenden Beruf, meine tollen Freunde an! Ja, mir geht es super – kein Mann erforderlich!* (Aber, wie schon erwähnt, wusste ich auch, dass ich diese Karte nicht zu oft ausspielen durfte, weil sonst der griechische Chor zu der Schlussfolgerung gelangen würde, dass es in meinem perfekt eingespielten Leben keinen Raum für die Liebe gab.)

Ich log nicht. Die meiste Zeit *war* ich glücklich – oder jedenfalls glücklich genug. Eigentlich dachte ich die meiste Zeit gar nicht darüber nach, wo ich mich auf der Skala des Wohlbefindens einordnen würde – ich lebte einfach mein Leben. Ich hatte Abgabetermine bei Zeitschriften einzuhalten, Besprechungen mit Redakteuren und Pläne für das Abendessen. Ich hatte eine Wohnung, die geputzt, und einen Hund, der gefüttert werden musste. Wie alle anderen.

Aber dann gab es auch diese Abende, diese kalten Samstagabende im Januar, an denen ich auf die verschneiten Straßen hinuntersah und über mein nicht selbst gewähltes Alleinsein nachdachte. Ich brauchte keine Einladung zu einer glamourösen Party oder Reservierungen in einem angesagten Restaurant – ich *mag* angesagte Restaurants nicht einmal. Ich wünschte mir einfach jemanden, der neben mir auf dem Sofa sitzen und schlechtes Reality-TV anschauen würde. Jemanden, der einen Sixpack und ein Essen vom Thai mit mir teilen und laut darüber nachdenken würde, ob Kayla endlich ihre wohlverdiente Strafe erhalten würde. Ich wünschte mir einfach einen verdammten Mann.

Dabei fühlte ich mich schrecklich. Das Eingeständnis, dass ich mir einen Mann wünschte, dass das Fehlen eines Partners mich in Verzweiflung stürzte, gab mir das Gefühl, mich selbst zu enttäuschen, ja, alle Frauen zu enttäuschen. Nicht, dass je eine Feministin angedeutet hätte, dass es falsch sei, sich einen Partner zu wünschen. Die E-Mails, die ich von Planned Parenthood und NOW erhielt, bezogen jedenfalls nie Stellung dazu, ob es eine Schande sei, sich eine lebenslange Partnerschaft zu wünschen. Nein, es war die endlose gesellschaftspolitische Debatte darüber, ob uns unsere relativ neu gewonnene Unabhängigkeit wirklich glücklich machte. Komisch, nicht wahr? Die Freiheit ist wohl der heiligste Wert der westlichen Welt – es sei denn, wir reden von der Freiheit der Frau. Dann werden wir plötzlich zu kalten Rationalisten, die das Für und Wider wie ein Diktator aus der Sowjetära diskutieren.

Natürlich will ich nicht zu der Zeit zurückkehren, in der Singles automatisch für unglücklich gehalten wurden, in der ein unverheirateter Mensch bestenfalls bemitleidet und schlimmstenfalls mit Argwohn betrachtet wurde. Und ich weiß mit Bestimmtheit, dass es viele Menschen gibt, die mit ihrem Singledasein wirklich zufrieden sind – mit der Freiheit, den Reisen, dem tiefen Gefühl des Friedens, das sich einstellt, wenn man in einem Zuhause lebt, in dem alles genauso angeordnet ist, wie man es haben will. Aber bei mir war das nie der Fall, und diese Tatsache wurde zu einem weiteren Punkt auf der Liste der Unzulänglichkeiten.

Aber wofür genau schämte ich mich so sehr? Warum hatte ich das Gefühl, dass meine tiefe Sehnsucht nach romantischer Liebe mich zu einem Dummkopf machte statt zu einem menschlichen Wesen, das eines der Grundbedürfnisse des Lebens verspürte?

»Unser Bedürfnis, unser Leben mit jemandem zu teilen, ist Teil unserer genetischen Disposition und hat nichts damit zu tun, wie sehr wir uns selbst lieben oder wie erfüllt unser Leben als Single ist«, schreiben Amir Levine, Psychiater und Neurowissenschaftler am New York Presbyterian Hospital, und seine Co-Autorin Rachel Heller in ihrem Buch *Wer bist du, wenn du liebst*.

Wenn man Single ist und eine Leere spürt, wenn man also das Gefühl hat, dass Beruf, Freunde, Bücher und Reisen *nicht* genug sind, dann liegt es nicht daran, dass man dumm oder unreif ist, sondern dass man ein legitimes Bedürfnis hat. »Wir leben in einer Kultur, die grundlegende Bedürfnisse nach Intimität, Nähe und insbesondere Abhängigkeit verachtet und Unabhängigkeit verherrlicht. Wir neigen dazu, diese Haltung als die Wahrheit anzunehmen – zu unserem eigenen Schaden«, schreiben Levine und Heller.

Natürlich muss dieses Zusammengehörigkeitsgefühl nicht notwendigerweise aus einer Liebesbeziehung herrühren, und viele Singles reagieren sehr ungehalten auf die Unterstellung, dass das Fehlen einer Partnerschaft auf das Fehlen starker emotionaler Bindungen schließen lasse.

Stattgegeben. Das Problem ist, dass Paare und Familien die Grundlage unserer Gesellschaftsstruktur bilden, und wenn man sich nicht in eine dieser Einheiten einfügt, muss man hinsichtlich eines Systems von Unterstützern oft bei null anfangen, was nicht ganz einfach ist. Freunde ziehen weg oder heiraten oder tauchen in zeitraubende berufliche Projekte unter. Und sie fragen vorher meistens nicht, ob man damit einverstanden ist.

Das mag alles ziemlich schrecklich klingen. *Süße, wenn du dich schlecht fühlst, gibt es dafür einen wissenschaftlichen Grund.* Man könnte es als eine weitere Ausrede dafür sehen, sich auf dem Sofa zusammenzurollen oder hektisch Onlinedating zu betreiben.

Natürlich tun wir alle – wie immer unsere Lebensumstände sein mögen – gut daran, unser Leben so, wie es ist, zu akzeptieren und wertzuschätzen (ob wir gerade in Gemeinschaft mit anderen leben oder nicht). Aber manchmal gelingt uns das einfach nicht. Manchmal gewinnen Einsamkeit, Depression und Frustration die Oberhand. Manchmal lässt sich eine brüske Zurückweisung nicht mit einem Pilateskurs oder einem Eisbecher ungeschehen machen. Manchmal spüren wir einen sehr intensiven Schmerz.

Ich habe mit der Zeit gelernt, dass das in Ordnung ist. Genau genommen, hat mir die Verzweiflung der Samstagabende letztlich eine neue Art, mit Schmerz umzugehen, beschert, die mir für den Rest meines Lebens, ob Single oder nicht, von Nutzen sein wird.

Ich werde das im nächsten Kapitel näher erläutern. Aber jetzt wollen wir erst noch das schreckliche Wort »verzweifelt« unter die Lupe nehmen. Wie Stephanie Coontz betont, ist es absurd, dass wir Frauen, die nicht verheiratet sind, dieses Etikett anheften. »Es ist verständlich, dass viele Frauen sich Sorgen darüber machen, ob sie einen guten Ehemann finden werden«, schreibt Coontz in *In schlechten wie in guten Tagen*. »Aber nur wenige moderne Frauen sehnen sich *verzweifelt* nach der Ehe. Historisch betrachtet, bedeutet ›verzweifelt‹, dass man die Ehe mit einem deutlich älteren Mann akzeptiert, den man körperlich abstoßend findet. ›Verzweifelt‹ bedeutet, dass man gegenüber Prostituierten und Geliebten die Augen verschließt und betet, dass man sich keine Geschlechtskrankheit einfängt. ›Verzweifelt‹ bedeutet, ein Kind nach dem anderen zu bekommen, weil der Ehemann keine Verhütung zulässt, oder die blauen Flecken, die man sich am Vorabend eingehandelt hat, zu bedecken, wenn man zum Markt geht. Frauen von heute wünschen sich vielleicht dringend einen Partner, aber die meisten von ihnen könnten es sich nicht einmal vorstellen, so verzweifelt zu sein.«

Sie sind nicht zu dieser mittelmäßigen Beziehung zurückgekehrt. *Sie* haben nicht die Zähne zusammengebissen und sind eine leidenschaftslose Beziehung mit einem netten Typen eingegangen, der Sie nicht versteht. Es *gibt* Menschen, die Angst vor dem Alleinsein haben, die sich nach jeder Trennung auf den nächsten warmen Körper stürzen oder in trostlosen Beziehungen ausharren, weil ihnen die Alternative so viel Angst macht. Aber Sie doch nicht, nicht wahr?

7
Du musst lernen, allein glücklich zu sein

Leute wie Sheba meinen zu wissen, wie es ist, einsam zu sein. Sie erinnern sich daran, wie sie sich 1975 von einem Mann trennten und einen ganzen Monat aushielten, bevor sie jemand Neues trafen ... Aber über das gleichförmige Tropfen langfristigen Alleinseins ohne Aussicht auf ein Ende wissen sie nichts ... Sie wissen nicht, was es heißt, so chronisch berührungslos zu sein, dass das zufällige Vorbeistreifen der Hand eines Mannes im Bus eine Flamme heißen Verlangens direkt in die Lenden schickt. Ich habe auf Parkbänken und in Zügen und auf Stühlen in Klassenzimmern gesessen, habe den großen Vorrat ungenutzter, objektloser Liebe wie einen Stein in meinem Bauch gespürt, bis ich mir sicher war, dass ich jeden Moment aufschreien und wild um mich schlagend zu Boden stürzen würde. Von all dem haben Leute wie Sheba keinen blassen Schimmer.

Das ist ein Zitat aus Zoë Hellers Bestseller *Tagebuch einer Verführung*. Ich habe Heller mehrere Jahre nach seinem Erscheinen interviewt und diese Passage zu zitieren begonnen.

»Das wird mir gegenüber häufiger zitiert als alles andere, was ich je geschrieben habe«, meinte Heller. Sie bemerkte auch, dass dieser Text eine lustvolle Faszination wecke: Woher wusste *sie* darüber Bescheid? »Einsamkeit ist dermaßen stigmatisiert. Es war, als ob ich ausführlich darüber geschrieben hätte, wie es ist, eine Geschlechtskrankheit zu haben.«

Nach dem Erscheinen meines Essays in der *Times* schrieben mir Frauen aus dem ganzen Land und beichteten ihre geheime Schmach: Obwohl sie Freunden und Angehörigen gegenüber behaupteten, ihr Singledasein zu lieben, waren sie in Wahrheit einsam.

Es ist schon merkwürdig: Menschen reden offen über ihre Alkoholabhängigkeit, Depression, Essstörung und Sexsucht. Aber wer – außer Witwen nach langen, glücklichen Ehen – gesteht, dass er einsam ist? Es ist die ultimative Schmach.

Und das Seltsamste: Einsamkeit ist nichts Pathologisches. Der Neurowissenschaftler John Cacioppo von der University of Chicago erläutert in seinem (mit Co-Autor William Patrick verfassten) Buch *Einsamkeit: Woher sie kommt, was sie bewirkt, wie man ihr entrinnt*, dass Einsamkeit mit Hunger oder Durst vergleichbar sei – eine natürliche menschliche Reaktion, die schlicht darauf hindeute, dass man Nahrung braucht.

Einsamkeit wird wie das ultimative Tabu behandelt. Gleichzeitig wird sie als Bagatelle abgetan – als ob eine 37-Jährige, die ein Jahrzehnt lang niemanden hatte, der beim Arzt ihre Hand gehalten hat, mit einer Dreizehnjährigen vergleichbar sei, die nach einer Boygroup schmachtet.

Ich weiß, »Single« ist kein Synonym für »einsam«. Es gibt viele einsame verheiratete Menschen sowie Singles, die über ein großes Netzwerk enger Beziehungen (zu Freunden, Geschwistern, Kindern, Neffen etc.) verfügen und deren Lebenswirklichkeit meilenweit von Hellers unglücklicher Erzählerin entfernt ist.

Aber für viele von uns *ist* das Alleinleben in einer Gesellschaft, die so strikt auf Paare und Kernfamilien ausgerichtet ist, manchmal schwer zu ertragen. Dabei ist es wichtig zu wissen, dass der Schmerz, den man spürt, wenn man im Park an den Familienpicknicks und Arm in Arm flanierenden Paaren vorbeigeht, *kein* Zeichen eines Defizits ist, sondern ein Zeichen dafür, dass man ein funktionierendes inneres Alarmsystem besitzt.

Isolation war früher tödlich, führt Cacioppo aus. Man brauchte eine enge Gemeinschaft, um vor wilden Tieren, Eindringlingen und dem Verhungern geschützt zu sein. Heute ist das Alleinleben nicht mehr lebensbedrohlich (obwohl Einsamkeit eine gesundheitsschädliche Wirkung haben kann). Man kann in seiner Ein-Zimmer-Wohnung leben und beruflich Karriere machen und seine Nichten besuchen und ein langes und produktives Leben führen. Aber die biologische Programmierung weiß davon nichts, weshalb Einsamkeit so viel seelischen Schmerz verursachen kann.

Für mich war dieser Schmerz zeitweise unerträglich – die

kalten Samstagabende, die Sommerwochenenden, an denen ich wusste, dass alle anderen aus der Stadt geflohen waren, und die verdammten Weihnachtsfeiertage. Aber rückblickend wird mir klar, dass die Tatsache, dass ich gelernt habe, damit umzugehen, zu den wertvollsten Dingen in meinem Leben gehört.

Es begann (wie so viele Geschichten alleinlebender Frauen) in einem Yogakurs. Ich stand kurz vor einem halbrunden Geburtstag und war in Endzeitstimmung: Wenn es mir davor schon schwergefallen war, einen Partner zu finden, würde es ab 35 sicherlich nicht einfacher werden. Eine Freundin und ich hatten angefangen, Schweinchen Dick zu zitieren: »Da… da… da… da… das war's, Leute!«. Durch meinen Kopf wälzte sich ein stetiger Strom pessimistischer Gedanken.

Der Yogalehrer, ein interreligiöser Geistlicher namens Frank Jude Boccio, gab uns Anweisungen zu einer Schmetterlingshaltung – Knie angewinkelt, Fußsohlen gegeneinandergedrückt – und forderte uns auf, uns nach vorn zu beugen und die Beine so nah wie möglich zum Boden zu bringen. »Einige von euch spüren jetzt vielleicht etwas in den Oberschenkeln«, sagte er. »Ich schlage euch vor, dieses Gefühl nicht als Schmerz zu bezeichnen, sondern euch einfach zu erlauben, es ohne jedes Urteil zu spüren.«

Ich verstand sofort. Wenn ich mich dem brennenden Gefühl nicht widersetzte, wenn ich dem Gefühl einfach erlaubte zu existieren, ohne zu denken: »Uff, ich hasse es. Wann hören wir endlich damit auf?«, war es gar nicht so schlimm. Das Problem war nicht der Schmerz, sondern die damit verbundenen Gedanken.

Am Ende des Kursabends forderte Frank uns auf, über etwas nachzudenken, das uns psychischen Schmerz verursachte, und dabei darauf zu achten, wie es sich körperlich anfühlte. Dann schlug er vor, dieses Gefühl mit derselben neutralen Aufmerksamkeit zu behandeln wie vorher die Empfindung in unseren Beinen.

Das war meine erste Begegnung mit der Achtsamkeitsmeditation, einer Bewältigungsstrategie, die nicht nur von Mystikern und Yogalehrern, sondern auch von einigen der besten Kliniken der USA, wie beispielsweise Sloan-Kettering, der Mayo Clinic und der University of Massachusetts, unterrichtet wird, die achtsamkeitsbasierte Ansätze in die Schulmedizin eingeführt haben.

Ich meldete mich bei Franks Meditationskurs an und erkannte schnell, dass der Schmerz, den ich an diesen trüben Winterabenden spürte, nicht einfach nur Einsamkeit war. Ich verurteilte mich auch. Einsam zu sein, gab mir das Gefühl, ein Loser, eine Versagerin, eine Ausgestoßene zu sein. Durch das Hinzufügen dieser negativen Gefühle verdoppelte, verdreifachte, ja, vervierfachte ich den Schmerz.

Viele Leute glauben, beim Meditieren gehe es darum, nicht zu denken. Tatsächlich besteht die wahre Arbeit beim Meditieren darin, diese Gedanken wahrzunehmen, einen Schritt zurückzutreten und die Tonspur der Gedanken zu analysieren. Ich erkannte schnell, dass mein innerer Dialog etwa so aussah: »Warum ist mein Leben so? Wann wird sich etwas ändern? Warum finde ich niemanden? Warum lerne ich nicht, allein glücklich zu sein? Megan ist auch Single, aber sie liebt ihre Freiheit. Warum kann ich nicht auch so sein? Was stimmt nicht mit mir?« Und so weiter und so fort.

Um es mit den Worten der buddhistischen Nonne Pema Chödrön auszudrücken: Ich versuchte, »das Feuer mit Kerosin zu löschen«. Ich machte aus der Bunsenbrennerflamme ein Inferno.

Allmählich lernte ich, bei dem ursprünglichen Schmerz zu bleiben: schlichter Einsamkeit. Ich lernte zu sagen: »Ich fühle mich gerade einsam. Das ist in Ordnung. Jeder fühlt sich manchmal einsam.« Ich fing an, die Enge in meiner Brust als das zu sehen, was sie war: eine neutrale Empfindung, die vorübergehen würde. Etwas, das Menschen einfach passiert – wie eine Grippe. Ich ging mit meinem Unbehagen um wie eine Sportlerin und spürte einfach nur das Brennen.

Nun ist Daheimsitzen und das Empfinden von Schmerzen zugegebenermaßen keine besonders empfehlenswerte Art, einen Samstagabend zu verbringen. Und natürlich trug es nicht dazu bei, das logistische Problem meiner Isolation zu lösen. Es kam kein unerwarteter Anruf mit einer tollen Einladung oder der Nachricht, dass der Typ, nach dem ich mich verzehrte, nach meiner E-Mail-Adresse gefragt hatte. Die Straßen draußen blieben eisig und schwarz. Aber als ich damit aufhörte, mit Fragen wie »Warum hat er nicht angerufen?« oder »Warum bin ich ein solcher Loser?« das Feuer anzufachen, erlosch es ganz langsam.

8
Du bist zu wählerisch

Vor einigen Jahren ging meine Freundin Caitlin mit einem Mann aus, der einen »Shirley Temple« bestellte. Der Mann war sehr nett, aber die Verabredung schnell vergessen – bis auf den Kleinmädchen-Cocktail. Caitlin hielt das für ein lustiges Detail und erzählte es einer Freundin.

Die Freundin rief aufgebracht: »Er hätte die Liebe deines Lebens werden können! Und du regst dich über den Shirley Temple auf!«

Natürlich fühlte sich Caitlin schrecklich. Sie hatte geglaubt, eine weitere amüsante Anekdote von der Dating-Front zu erzählen, und nun war daraus eine Anklage hinsichtlich ihrer Unfähigkeit, einen Partner auszuwählen, geworden – ein weiterer Beweis dafür, dass sie ein hoffnungsloser Fall war, dass ihre pathologisch wählerische Haltung sie daran hinderte, jemals einen Partner zu finden.

Du. Bist. Zu. Wählerisch. Wenn ich Frauen fragte, weshalb

sie nach der Auffassung ihrer Freunde und Angehörigen allein seien, war das die weitaus häufigste Antwort. Sie ist ziemlich unangreifbar, da man schwerlich das Gegenteil beweisen kann. Er mag ja gestern Abend langweilig gewesen sein oder nur von sich selbst geredet haben, aber heute Abend könnte er faszinierend sein. Wenn er unfreundlich zur Kellnerin war, hatte er vielleicht einen schlechten Tag. *Gib ihm eine zweite Chance! Gib ihm eine zweite Chance!*, lautet der Ruf der Vernünftigen.

»Du willst also, dass ich Abstriche mache«, sagte ich einmal spitz zu einer Freundin. »Hast du das getan?«

»Also, nein«, sagte sie vorsichtig. »Aber ein paar Dinge habe ich schon aufgegeben.«

Die stillschweigende Annahme, dass ich Perfektion oder gar nichts wollte, machte mich wütend, weil ich nicht absolut sicher war, dass es nicht zutraf. Wie konnte ich das auch sein? Es war mir mein ganzes Leben lang noch nicht gelungen, diese Beziehung zu finden.

Um die Spannung zu lösen, verraten verheiratete Menschen, die Singles auf diesem Gebiet beraten, oft Details dazu, inwiefern ihr eigener Partner von ihrer Idealvorstellung abweicht. Die mit Fehlern behafteten Sterblichen, die sie geheiratet haben, sind schlampig (oder obsessive Pedanten); sie sind nicht humorvoll (oder können nicht mit dem Rumalbern aufhören und einmal ernst sein!); sie mögen keine ausländischen Filme (oder schwafeln endlos über die Kameraführung in dem hochtrabenden Mist, den sie einen anzuschauen gezwungen haben). Es läuft darauf hinaus, dass ihre Ehepartner nicht perfekt sind, und wenn du auf Perfektion aus bist, na dann, viel Glück!

Meine alleinstehenden Freundinnen und ich machten uns darüber Gedanken – waren unsere Ansprüche wirklich zu hoch? Keine von uns stellte Anforderungen in Bezug auf das Einkommen, da wir nicht erwarteten, von einem Mann ausgehalten zu werden. Allerdings erwarteten wir schon, dass er für seinen eigenen Lebensunterhalt sorgen konnte. Manche wünschten sich Männer, die größer als sie selbst waren, anderen war das egal. Manche hielten es für wichtig, dass man dieselben politischen Ansichten hatte, andere ... nicht. Aber wir waren uns darüber einig, dass all diese Dinge beiseitegelassen werden konnten, wenn wir uns verliebten.

Eigentlich bekamen wir oft auch das gegenteilige Feedback, nämlich dass wir zu vage seien. Man muss schließlich wissen, was man will! Dazu erstellt man eine Liste der Eigenschaften des zukünftigen Partners: liebt die Natur, kann gut mit Kindern umgehen et cetera. Denn wie soll man ihn finden, wenn man nicht weiß, wer er ist! Aber offen sollte man schon sein!

Der einzige wirkliche Anspruch, den jede Frau hatte, die ich kannte, wurde von Caitlin formuliert: »Ich möchte einen Mann finden, der mir genauso viel Freude macht und mich genauso überrascht wie meine Freundinnen, aber mit dem ich auch rumknutschen will.« Ich habe noch keinen glücklich verheirateten Menschen getroffen, dessen Ehepartner diesen Anspruch nicht erfüllt.

Wenn unsere Freunde uns sagen, dass wir zu wählerisch

seien, reagieren sie meistens auf ein bestimmtes Detail, wie beispielsweise den »Shirley Temple«, dabei wissen wir ja alle, dass das nicht der wahre Grund dafür ist, dass eine Verabredung ein Reinfall ist. In Wirklichkeit geht man zu einer Verabredung, und der Mann ist nett – er stellt gedankenvolle Fragen und macht kein Theater, wenn der Kellner das Falsche bringt –, aber aus irgendeinem Grund spürt man einfach nichts. Dann fängt er an, ein komisches Schnalzgeräusch zu machen oder auf den Tisch zu trommeln, und daraus wird dann das Detail, das man seinen Freundinnen erzählt. Das eigentliche Problem ist, dass die Chemie nicht stimmt, aber die Freundinnen stürzen sich auf die Sache mit dem Trommeln, und schon ist man zu wählerisch.

Caitlin heiratete ein Jahr vor mir – einen tollen Mann. Aber während unserer Singlejahre machte uns das verrückt, das Augenverdrehen, das Kopfschütteln, die anklagenden Fragen: »Bist du sicher? Warum triffst du dich nicht noch mal mit ihm?«

Was wir nicht gesehen haben, war Folgendes: Unsere Freunde meinten es gut. Sie wollten einfach nur helfen. Sie versuchten das Problem zu benennen, und ihrer Vorstellung nach war »Du bist zu wählerisch« die logische Schlussfolgerung. Und letztlich ist der Vorwurf, zu wählerisch zu sein, ja auch eine Art Kompliment. Er basiert auf der Annahme, dass jede Menge Leute gern mit einem zusammen sein würden, und das ist auf jeden Fall besser als der Hinweis, dass man abnehmen oder mehr lächeln sollte.

Und es gibt noch einen weiteren Grund, warum wir so viel Feedback bekamen: Wir baten darum. Oder beklagten uns so ausdauernd, dass unsere Freunde sich verpflichtet fühlten, irgendeine Art von hausgemachter Weisheit auszuspucken.

Sobald ich in der Lage war, gründlich darüber nachzudenken, war die Lösung ganz einfach: aufhören, darüber zu reden. Wenn ich vermutete, dass die Reaktion einer Freundin auf eine gescheiterte fünftägige Romanze mich verärgern würde, erzählte ich ihr nichts davon.

Das Gesprächsthema von meinen Singleproblemen fernzuhalten, war ganz einfach, denn es stellte sich heraus, dass meine Freunde nicht annähernd so interessiert an meinem Pech in der Liebe waren, wie ich vermutet hatte. Und wenn ich mich zwang, über etwas anderes zu reden, beispielsweise den neuesten Roman von Lorrie Moore oder die Präsidentschaftswahlen, dann dachte ich auch *darüber* nach. Und die kryptische E-Mail vom gestrigen Internet-Date verblasste.

Über meine Dating-Erlebnisse Stillschweigen zu bewahren, bedeutete auch, dass ich mich auf mein eigenes Urteilsvermögen verlassen musste, statt Umfragen unter meinen zwölf engsten Freundinnen durchzuführen. Und dieser Schritt erwies sich als sehr befreiend. Man muss sich nicht dafür rechtfertigen, dass man nicht zu diesem dritten Internet-Date gegangen ist, wenn niemand vom ersten weiß.

Machten meine Freundinnen und ich Fehler, während wir Singles waren? Wahrscheinlich. Wiesen wir arrogant Männer ab, die sich als wunderbare Ehemänner hätten erweisen können? Vielleicht. Trotzdem bin ich froh, nicht den Rat einer Bekannten befolgt zu haben, die meinte: »Man wählt einen Ehemann wie ein Haus aus. Man trifft eine Wahl unter den Objekten, die zu einem gegebenen Zeitpunkt verfügbar sind.«

Menschen sind keine Häuser. Man geht nicht hinein und sagt: »Na ja, wenn wir die Küche entkernen und ein drittes Bad einbauen, könnte es passen« oder »Es hat nichts Besonderes, aber es ist in der Nähe meiner Arbeit, und etwas Teureres kann ich mir nicht leisten«. Nein. Man liebt sie, so wie sie sind, oder man lässt sie jemanden finden, der es tut.

9
Du bist zu leicht zu haben

Roses Beziehungen hielten meist nicht lang. Von einer dreijährigen Romanze abgesehen, endeten die meisten nach drei bis sechs Monaten. Sie bat oft ihre verheirateten Freundinnen um Rat. »Früher habe ich mir verheiratete Leute angeschaut und mich gefragt, was sie auszeichnet. Ich habe ihren Rat hoch geschätzt, weil sie ja verheiratet waren«, sagte Rose.

Die Diagnose: »Es herrschte ein allgemeiner Konsens darüber, dass ich zu viel Gefühl investierte, dass ich zu leicht zu haben sei und mich zu sehr bemühe«, meinte Rose.

Rose war oft sehr niedergeschlagen, wenn ihre Beziehungen endeten, und viele ihrer Freunde verloren die Geduld mit ihr. Bei ihren Ratschlägen schwang Verärgerung darüber mit, dass sie so viele Gefühle in etwas investierte, das nur wenige Monate dauerte (wobei ihnen anscheinend nicht klar war, dass es für einen selbst ziemlich beunruhigend sein kann, wenn die eigenen Beziehungen nie länger als eine Baseballsaison halten). »Ich bekam oft Ratschläge die im Grunde auf ›Was ist dein Problem? Warum kannst du nicht damit aufhören?‹ hinausliefen. Sie hatten diesen abfälligen Unterton von ›PS: Du spinnst ja‹«, berichtete sie.

Roses Freunde teilten ziemlich klassische Dating-Ratgeber-Ratschläge aus: Wenn du jemanden liebst, zeige es ihm bloß nicht. Eine Frau darf nicht zu emanzipiert oder einschüchternd, aber auch nicht zu nett sein. Sie muss cool bleiben. Ihn im Ungewissen lassen. Denn Männer lieben die Jagd.

Auch wenn Sie noch nie einen dieser Dating-Ratgeber in der Hand hatten, in denen männliches und weibliches Verhalten mit absurden Vergleichen grob verallgemeinert wird (Männer sind wie Käsekuchen! Frauen sind wie Inbusschlüssel!), sind die darin enthaltenen Empfehlungen in unserer Gesellschaft so verankert, dass selbst Singlefrauen, die absolut nichts von Ratgeberliteratur halten, mit ihren Prinzipien vertraut sind. Bei vielen meiner Gespräche mit weiblichen Singles räumten Frauen mit Master-Abschlüssen und in Führungspositionen widerstrebend ein, dass weibliche Initiative in Bezug auf das erste Date der Beziehung den Garaus mache, noch bevor sie begonnen habe, dass man ihn zahlen lassen müsse und dass durch die Frage »Wohin führt diese Beziehung?« das Schicksal derselben besiegelt sei.

Wir waren uns bis zu einem gewissen Grad darin einig, dass wir der Köder waren und dass wir, wenn wir sein Interesse an uns wachhalten wollten, Haken schlagen mussten wie ein Kaninchen. Und dass wir ihm unter gar keinen Umständen zeigen durften, wie sehr wir ihn mochten.

Wir hassten die Beziehungsratgeber, aber wir glaubten auch, dass man als Frau ein ziemlich hohes Risiko einging, wenn man sich nach Mittwoch auf eine Verabredung am Samstag einließ.

Ich habe mir die Ratgeberweisheiten größtenteils durch diese Art von Osmose angeeignet. Ein Teil von mir wusste, dass ich seelischen Schaden nehmen würde, wenn ich sie tatsächlich lesen würde. Es ist ziemlich lustig, sie zu lesen, nachdem man sich schon einen Mann »eingefangen« hat. Wie habe ich das nur hingekriegt? Unter anderem habe ich folgende Fehler gemacht:

- Ich habe die Fahrertür von innen geöffnet, nachdem er mich durch die Beifahrertür hatte einsteigen lassen. Offenbar hätte ich wie eine Prinzessin dasitzen und zuschauen sollen, wie er mit seinem Autoschlüssel herumfummelt. Indem ich mich ein wenig zur Seite neigte und die Verriegelung öffnete, verweigerte ich ihm die Genugtuung, mich zu umsorgen. (Mich irgendwo hinzufahren, reichte anscheinend nicht.) *Mars sucht Venus. Venus sucht Mars.*
- Ich habe bei der dritten Verabredung eine leckere Mahlzeit für ihn gekocht. Offenbar hätte ich ihm eine Tüte Mikrowellen-Popcorn mit einem Schokokeks zum Nachtisch zuwerfen sollen. Dass ich ein richtiges Abendessen kochte und Nettigkeiten wie Servietten und ein Glas für sein Bier anbot, bedeutete, das ich mich viel zu sehr bemühte, ihm zu gefallen, und er sich deshalb meiner sicher fühlte. *Warum die nettesten Männer die schrecklichsten Frauen haben*?
- Ich habe nach unserer ersten Verabredung sieben Abende

hintereinander mit ihm verbracht. *Zu finden in jedem Dating-Ratgeber.*

Ich habe ein paar besonders »grobe Schnitzer« ausgewählt, aber die Grundbotschaft – halte ihn auf Distanz, zeige ihm nicht, dass du dir etwas aus ihm machst – hatten meine Freundinnen und ich verinnerlicht, ohne je eines dieser Bücher gelesen zu haben. (Na gut, eines oder zwei haben wir vielleicht aufgeschlagen.)

Diese Botschaft verfolgt scheinbar den Zweck, die Frau zu stärken: Man soll so selbstbewusst auftreten, dass man es nicht nötig hat, sich zu beweisen oder seine Zustimmung zu finden. Man hat ein so starkes Selbstwertgefühl, dass man völlig immun gegen seine Meinung ist.

Wie so viele schlechte Ratschläge enthält auch dieser ein Körnchen Wahrheit: Mache deinen Wert nicht von einer anderen Person abhängig.

Aber wenn man Frauen rät, sich wie Eisköniginnen zu benehmen, lautet die zugrunde liegende Botschaft: *Du musst deine wahren Gefühle verbergen und dich als jemand anderes ausgeben, denn wenn sie sehen, wer du wirklich bist, und wissen, was du wirklich fühlst, gehen sie.*

Wie soll *das* unser Selbstwertgefühl stärken?

Zickigkeit ist falsches Selbstvertrauen. Sich aufzuplustern, andere Menschen zu verunsichern, Freundlichkeit zurückzuhalten – das ist nicht das Verhalten wirklich selbstbewusster Menschen.

Denken Sie an die selbstsichersten Menschen, die Sie kennen. Sind sie unhöflich oder egoistisch oder verweigern sie Zuwendung? Versuchen sie, anderen Menschen das Gefühl zu geben, klein und machtlos zu sein? Oder sind sie diejenigen, die anbieten, Ihren Mantel zur Garderobe zu bringen, und Ihnen ihre volle Aufmerksamkeit schenken, wenn Sie von dem Buch erzählen, das Sie gerade lesen? Sind sie diejenigen, die es bemerken, wenn Sie etwas gut gemacht haben, und es Ihnen sagen?

Wie ist es, wenn Sie selbst besonders viel Selbstvertrauen haben, weil Sie zum Beispiel befördert worden sind oder ein schönes Kompliment bekommen haben oder sich einfach aus keinem besonderen Grund gut fühlen? Macht diese Quelle des Selbstvertrauens Sie distanziert oder schroff? Verspüren Sie den Zwang, andere zu verunsichern? Halten Sie sich mit Lob und Zuwendung zurück? Oder steigt eher die Wahrscheinlichkeit, dass Sie anderen Komplimente machen oder Freundschaftsdienste erweisen?

Professor Brené Brown von der University of Houston hat in den letzten zehn Jahren den Unterschied zwischen Menschen mit einem starken und Menschen mit einem schwachen Selbstwertgefühl untersucht. »Es gab nur eine Variable, in der sie sich unterschieden«, sagte sie bei einem Vortrag bei der TED-Konferenz 2010. »Menschen, die sich geliebt und zugehörig fühlen, glauben, dass sie es wert sind, geliebt zu werden und zugehörig zu sein. Das ist alles.«

In ihren Forschungsarbeiten bezeichnete Brown diejenigen, die diese Art von Selbstwertgefühl besaßen, als »offenherzige«

Menschen. Sie stellte fest, dass eines ihrer Hauptunterscheidungsmerkmale darin bestand, dass sie bereit waren, sich verletzlich zu zeigen. »Sie hatten kein Problem mit Verletzlichkeit. Sie waren der Meinung, dass das, was sie verletzlich machte, sie auch schön machte. Sie beschrieben Verletzlichkeit weder als angenehm noch als quälend, sondern schlichtweg als notwendig. Sie sprachen von der Bereitschaft, als Erster »Ich liebe dich« zu sagen, der Bereitschaft, etwas Unsicheres zu tun, der Bereitschaft, das Warten auf den Anruf des Arztes nach der Mammographie durchzustehen, und der Bereitschaft, in eine Beziehung zu investieren, die funktionieren mag oder eben auch nicht.«

Dabei geht es nicht um eine aufgesetzte Verletzlichkeit zum Aufpolieren des männlichen Egos (»Oje, ich bin zu schwach, um dieses Gurkenglas zu öffnen!«), sondern um den schieren Mut, den man braucht, um jemandem zu zeigen, dass man ihn mag, ohne jede Sicherheit, dass er dasselbe fühlt.

Liebe ist riskant. Sie beinhaltet Gefühle, die wir nicht unter Kontrolle haben. Wenn wir lieben, fühlen wir uns wild und ungezügelt. Das ist etwas Gutes, aber auch Beängstigendes. Beziehungsratgeber verkaufen sich so gut, weil sie den Eindruck erwecken, dass wir eine der unbeherrschbarsten Kräfte in unserem Leben unter Kontrolle bringen können. Und es ist egal, wer man ist, ob Busfahrer, Friseurin oder Atomphysiker – Liebe ist das, was uns früher oder später in eine Situation bringt, in der wir nur noch auf unsere Hände starren und denken: »Hä?«

Es überrascht kaum, dass der Versuch unternommen wird,

diesen weiten und Furcht einflößenden Raum mithilfe von Formeln und Rezepten zu erschließen. Aber allzu oft führen diese »bewährten« Ratschläge nur dazu, dass wir unsere grundlegendsten Instinkte in Frage stellen, weil uns gesagt wird, dass wir uns wie jemand anders benehmen müssen, wenn wir geliebt werden wollen.

Das ist das genaue Gegenteil der Haltung, die Browns »offenherzige« Probanden in ihrem Leben einnahmen. »Diese Leute hatten, ganz einfach ausgedrückt, den Mut, unvollkommen zu sein. Sie hatten das Mitgefühl, um zuerst freundlich zu sich selbst und dann zu anderen zu sein, denn, wie sich herausgestellt hat, können wir kein Mitgefühl gegenüber anderen zeigen, wenn wir nicht freundlich zu uns selbst sein können. Und sie hatten – und das ist das Schwierige – gerade wegen ihrer Authentizität eine Verbindung zu anderen. Sie waren bereit, auf Rollenspiele zu verzichten, um authentisch zu sein«, sagte Brown, Autorin von *Verletzlichkeit macht stark* und *Die Gaben der Unvollkommenheit*.

Trotz all ihrer Frustration und Selbstzweifel hatte Rose auch einen kleinen, aber unbezwingbaren Instinkt, der ihr sagte, dass sie eines Tages jemandem begegnen würde, den sie nicht manipulieren müsste, damit er sie mochte. »Seit meiner Jugend habe ich daran geglaubt, dass man es sofort weiß, wenn man dem richtigen Menschen begegnet«, sagte sie. »Ich habe nie verstanden, warum Menschen vier oder fünf Jahre miteinander ausgehen – wie lange muss man sich denn prüfen? An diesem bisschen Instinkt habe ich mich immer festgehalten, aber es nie ausgesprochen, weil ich wusste, dass ich dafür Prügel beziehen würde. Die Instinkte können einem durch diese äußeren Stimmen ausgetrieben werden.«

Roses Instinkt war richtig. Sie lernte ihren Ehemann mit 34 kennen, und ein Jahr später heirateten sie. Wenn sie auf all die gescheiterten Beziehungen zurückblickt, wünscht sie tatsächlich, sie hätte nicht so viel Energie damit verschwendet, sich nach den Männern zu verzehren, die sich aus dem Staub gemacht haben – »Ich wünschte, ich wäre stattdessen einfach laufen gegangen«, meinte sie.

Aber sie ist nicht der Meinung, dass die Tatsache, dass sie so viel Gefühl gezeigt hat, das Problem war. Schließlich zeigt sie ihrem Mann gegenüber ausgesprochen viel Gefühl, und der ist sehr glücklich damit. Diese Haltung sagt Gutes für die Haltbarkeit einer Ehe voraus, da Dr. Gottmans Studien gezeigt haben, dass Liebe und Zuwendung im Überfluss viel eher zu einer langlebigen Ehe beitragen als Distanz oder Verweigerung.

Das ist nur eine Anekdote – wie die anderen Geschichten in diesem Buch (meine eigene eingeschlossen) beweist sie nichts. Browns Methodik ist wissenschaftlich fundiert, meine nicht.

Aber, wie Mari Ruti aufzeigt, sind die meisten Dating-Ratgeber ebenfalls nicht wissenschaftlich fundiert. Alleinstehende Frauen werden ständig mit Geschichten von anderen glücklosen Damen überhäuft, die »dumme Fehler« gemacht und damit den Mann in die Flucht geschlagen haben. Dabei ist es genauso einfach, Frauen zu finden, die genau dasselbe getan haben und am Ende glücklich verheiratet waren.

Kann man die Beziehung zu einem unentschlossenen Deppen verlängern, indem man ihm Zuneigung verweigert? Gut möglich. Aber wozu?

10
Du kennst die Spielregeln nicht

Die Medien behandeln das Dating wie ein kosmisches Tennisspiel, und zwar eines, bei dem Frauen über dreißig immer als Verliererinnen dastehen. Wir werden ständig auf unseren niedrigen Wert am »Heiratsmarkt« hingewiesen, auf den stetigen Strom von Frauen um die zwanzig, unter denen unsere männlichen Pendants wählen können.

Alleinstehende Männer sind dabei die großen Gewinner. Sie schöpfen ihre zahlreichen Dating-Optionen aus, genießen ihre Junggesellenfreiheit, bekommen all das Gute umsonst. Sie sind die Nutznießer des Feminismus. Was? Du gehst mit mir ins Bett, ohne dass ich dich dafür zum Abendessen einladen muss?! Haha, danke schön, Gloria Steinem!

Und deswegen neigen Frauen dazu, sich etwas in die Defensive gedrängt zu fühlen. Schließlich sind wir die Underdogs, diejenigen, die die kostbaren Festungen bewachen müssen – unsere Würde, unser Selbstwertgefühl und, Sie wissen schon, dieses andere Ding. Darum treten wir manchmal defensiv und misstrauisch in Beziehungen ein, bereit, uns auf jeden vermeintlichen Fehltritt zu stürzen.

Hat er eine Verabredung zum Abendessen verschoben? Nicht zur verabredeten Zeit angerufen? Eine halbe Sekunde lang die 23-jährige Bedienung angesehen? Dann, Schwester, ist die Sache gelaufen. »Jedes Mal, wenn ein Mann etwas nicht hundertprozentig richtig macht, denkst du ›Das verdiene ich nicht‹«, meinte Melanie Notkin, Gründerin von Savvy Auntie, einer Online-Community für Tanten und andere Frauen, die Kinder lieben, und Autorin eines Buchs mit demselben Titel.

Wir sind alle dafür, eine Beziehung zu beenden, in der man sich – aus welchem Grund auch immer – mies fühlt. Und ich selbst habe erschreckend viel Zeit darauf verwendet, Ausreden für Männer zu finden, die mich nicht anriefen, weil sie mich schlicht und ergreifend nicht anrufen wollten. Von allen Klischees, die mir während meiner Singlejahre an den Kopf geworfen wurden, war »Er steht einfach nicht auf dich« dasjenige, das zu beherzigen am klügsten gewesen wäre.

Aber es gibt einen Unterschied zwischen einer klaren Sicht der Dinge und einer rigiden Haltung. Inzwischen haben wir für die Anleitungen aus den Neunzigerjahren mit ihren krassen, klunkergeschmückten Autoren und deren fragwürdigen Ehen (eine wurde kurz vor der Veröffentlichung des Ehehandbuchs geschieden) nur noch Spott und Häme übrig. Aber dieses Misstrauen haben wir noch nicht überwunden – ein versäumter Anruf, eine gedankenlose Bemerkung, eine Andeutung, dass man getrennt bezahlen könne, und schon heißt es »Adieu!«.

Also lässt man ihn im Ungewissen – verhält sich wie die eigene Großmutter. Aber zu zickig oder bedrohlich darf man auch nicht sein, sonst wird man dafür auch wieder kritisiert. Wie Samhita Mukhopadhyay, Autorin von *Outdated*, deutlich macht, muss man die richtige Art von Zicke sein – jene Art, die ein kostenloses Abendessen verlangt und mit der man sich lang im Voraus verabreden muss. Nicht die Art, die beispielsweise imstande ist, einen Vertrag auszuhandeln oder sich in einer politischen Diskussion durchzusetzen. Man muss so tun, als ob man Macht habe, statt wirklich welche zu haben.

Vor nicht allzu langer Zeit veröffentlichte eine Fernsehautorin ein auf einem Blog basierendes Buch (aus dem man auch eine Sitcom machen könnte), in dem sie Frauen sagte, warum sie nicht verheiratet seien. Es war der klassische »Trollbeitrag« mit derben, provozierenden Kapitelüberschriften – »Sie sind eine Zicke«, »Sie sind eine Schlampe«, »Sie sind oberflächlich«.

Die Ratschläge waren nichts Neues (nicht zu wählerisch sein, nicht in zu viele Betten hüpfen) – alte Sprüche in neuer Verpackung. Das Interessante war die von ihr postulierte eigene »Qualifikation«: Sie hatte drei Ehen – und Scheidungen – hinter sich. Mit anderen Worten: Sie war keine Expertin in Bezug auf eine harmonische Ehe, sondern in Bezug darauf, von Männern Heiratsanträge zu bekommen.

Diese spezielle Autorin ist ein leichtes Ziel. Sie legte es darauf an und konnte sich hundertprozentig darauf verlassen, jene empörte Reaktion zu bekommen, die sie bekommen wollte. Aber ihre Einstellung spiegelt auch die merkwürdig objektorientierte Art wider, mit der wir an Beziehungen herangehen – als ob es darum ginge, Trophäen in Form von Ehepartnern zu sammeln und an die Wand zu hängen beziehungsweise diesen Klunker an den Finger gesteckt zu bekommen und damit zu beweisen, wie liebenswert und sexy man ist.

Alle reden vom »Heiratsmarkt«. Wodurch wir dann wohl alle zu »Waren« werden. Wir werden dazu angehalten, uns gut zu »verkaufen«, indem wir viel Mühe darauf verwenden, uns »in Schuss zu halten« (Können Sie sich noch an die Zeit erinnern, als das Lackieren der Zehennägel einfach etwas Mädchentypisches war, das Spaß machte, und nicht unerlässliche Körperpflege?), uns »rar zu machen« (»Mein Gott, Kevin, ich wünschte, du hättest früher angerufen – ich bin den ganzen März hindurch ausgebucht!«) und kleine Makel unserer Persönlichkeit mit Rüschen und weichem Licht zu übertünchen.

Was bei dieser Art von defensivem Dating außer Acht gelassen wird, ist die Tatsache, dass es letztlich um die Suche nach einer liebevollen Beziehung geht – auf beiden Seiten.

Jeder, der jemals in einer funktionierenden Beziehung war, weiß, dass das kein Nullsummenspiel ist. Glücklich verheiratete Männer haben im Allgemeinen glücklich verheiratete Frauen, und umgekehrt. Entweder gewinnen beide oder beide verlieren. (Und übrigens: Falls jemand einen »Gewinn« daraus zieht, einen Partner zu finden, sind es die Männer: Studien zu Glück und Gesundheit zeigen, dass nicht Frauen, sondern Männer, in dieser Hinsicht am meisten von der Ehe profitieren.)

Interessanterweise wissen das die meisten Männer. Natürlich gibt es auch Männer, die einfach nur vögeln und anschließend das Weite suchen wollen, und ja, es kann manchmal schwierig sein, die Netten von den Halunken zu unterscheiden (insbesondere, da die Halunken dazu neigen, extrem attraktiv zu sein). Sexuelles Verlangen vernebelt das Gehirn, und es gehört zu den größeren Herausforderungen des Lebens, etwas als Blödsinn zu entlarven, wenn es genau das ist, was man hören wollte.

Wir alle, ob Mann oder Frau, haben schon Entschuldigungen für jemanden gefunden, der nicht wirklich »Ängste« oder »Probleme« hatte, sondern dessen einziges Problem darin bestand, dass er uns nicht allzu sehr mochte. Und wenn gleich von mehreren Seiten der freundliche Hinweis kam, ihn zu vergessen, dann hätten wir das vielleicht in Erwägung ziehen sollen.

Aber eines sollten wir nicht vergessen: dass der Idiot, der uns so übel mitgespielt hat, nicht die Mehrheit darstellt. Die Mehrheit, das sind unsere Kollegen, unsere Brüder und dieser nette Mann, mit dem wir uns zum Kaffee getroffen haben und bei dem es einfach nicht gefunkt hat. Die meisten Männer betrachten sich selbst nicht als Preis in einem Wettstreit – als ob wir an einer Staffel von *Der Bachelor* teilnehmen würden, statt einfach in einem Café zu sitzen. Die meisten Männer wollen dasselbe wie wir: einen Partner in diesem verrückten Leben finden.

Woher weiß man, dass man Ausreden für einen Blödmann

erfindet? Oder wann man mit einem Mann, der einfach ein bisschen vergesslich ist, zu hart ins Gericht geht?

Ich selbst habe mich immer daran orientiert, welche Gefühle ein Mann bei mir auslöste. Wenn Sie einmal vom Überschwang der Verliebtheit absehen (gar nicht so einfach, ich weiß), dann können Sie sich folgende Fragen stellen: Ist die gedankenlose Bemerkung nur die kleine Verirrung eines Mannes, der wirklich auf Sie zu stehen scheint? Oder schrillt bei Ihnen die Alarmglocke, sodass Sie Ihre Verkaufsstrategie intensivieren, weil der Kunde kurz davor ist, einen Abgang zu machen.

Und wissen Sie was – vielleicht vermasseln Sie es und schätzen einen Typen, der sich am Ende als Schuft erweist, völlig falsch ein. Wir alle – ob verheiratet oder nicht – leben mit dem Risiko, dass der Mensch, für den wir uns entschieden haben, uns hintergeht. Wäre es dann nicht ein Zeichen von Stärke und Mut, mit dem Wissen, dass man verletzt werden kann (und dass man es überleben wird), in Beziehungen und zu ersten Verabredungen zu gehen, statt sich mit Prinzipien zu wappnen, was wir akzeptieren wollen und was nicht?

11
Du musst erwachsen werden

Verheiratete sagen uns gerne, dass die Ehe »Arbeit« sei, oft mit selbstgefälligem protestantischem Stolz – als ob sie den ganzen Tag Felder pflügen würden, während ihre Singlefreunde an ihrem Aperitif nippen. Als ich noch Single war, habe ich ihnen das abgekauft. Mein Leben war zwar manchmal einsam, aber meine Hauptaktivitäten neben dem Schreiben bestanden aus Yogakursen, Internet-Dates und Barbesuchen mit den Mädels. Wenigstens musste ich kein Abendessen für meine Schwiegermutter zubereiten oder Gardinen kaufen gehen.

In Wahrheit *musste* ich natürlich Gardinen kaufen gehen, zumindest wenn ich in einem Zuhause mit hübschen Fensterbehängen leben wollte, und das wollte ich. Und das Abendessen kochte sich auch nicht von allein.

Eines Tages unterhielt ich mich mit einer Freundin über meine private Rentenversicherung. Ich war der Meinung, dass ich mehr diversifizieren und einen guten Rentenindex suchen müsse. Sie meinte achselzuckend, darüber wisse sie nicht viel – ihr Mann kümmere sich um das Rentenzeug. Da wurde mir schlagartig klar: *Ich kümmere mich um alles.*

Ich bin für das Kochen und Putzen, die Rentenplanung und die Steuererklärung zuständig. Ich habe die Hypothek abgeschlossen und mich um die Anschlussfinanzierung gekümmert und die Wohnung mit Möbeln und den Vorratsschrank mit Lebensmitteln gefüllt. Ganz allein. Bei einem Rohrbruch rufe ich den Klempner an. Wenn ein Flug gebucht werden muss, suche ich nach dem günstigsten Tarif. Wenn der Rauchmelder eine neue Batterie braucht, hole ich die Leiter und tausche sie aus. Und wenn eine Rechnung bezahlt werden muss – für Miete, Strom oder Krankenversicherung –, kommt das Geld dafür natürlich von meinem Konto.

Nicht dass eines dieser Dinge an sich besonders schwierig gewesen wäre – es war einfach nur viel. Und all das musste mit weniger Ressourcen erledigt werden, da mein einzelnes Autoreneinkommen deutlich unter dem Einkommen der Doppelverdienerhaushalte lag, die ich kannte. Nachdem der Energieversorger und die Bank ihre Rate bekommen hatten, blieb für Handtaschen und Gesichtsbehandlungen nicht mehr viel übrig. Und obwohl ich ziemlich regelmäßig in Restaurants aß (weil man ja schließlich auch mal aus dem Haus gehen muss), konnte ich mir die angesagten Vier-Sterne-Restaurants, von denen meine verheirateten Freundinnen schwärmten, nicht leisten.

Eine Analyse des Arbeitsministeriums ergab, dass der Lebensstil der meisten alleinstehenden Frauen ziemlich wenig mit dem glamourösen Klischee gemeinsam hat. 2008 gab die durchschnittliche Singlefrau in den USA circa 2500 Dollar für Kleidung, Dienstleistungen und Unterhaltung aus. Der größte Teil ihres Einkommens ging für Nahrung und Unterkunft drauf, nicht für Schuhe und Pullover.

Warum lebte ich dann mit der Vorstellung, dass das Singledasein eine Vergnügungsfahrt sei, dass ich im Grunde ein Teenager mit Kreditkarte sei?

Wenn verheiratete Menschen damit prahlen konnten, dass ihre Gemeinschaft »Arbeit« sei, warum ging ich dann so kleinlaut mit der Tatsache um, dass meine Solonummer oft deutlich *mehr* Arbeit mit sich brachte?

Verstehen Sie mich nicht falsch: Ich weiß natürlich, dass das Aufziehen von Kindern sehr schwierig und zeitaufwändig sein kann. Aber das ist ein unpassender Vergleich – wir alle sind uns darüber im Klaren, dass es alleinerziehende Eltern und kinderlose Paare gibt. Wie dem auch sei, einige jüngere Studien deuten darauf hin, dass kinderlose Singlefrauen genauso mit ihrer Work-Life-Balance kämpfen wie Mütter, berichtete *das Wall Street Journal*.

Nachdem der Artikel erschienen war, las ich einen Beitrag von einer Singlefrau, die sich Sorgen darüber machte, dass Verheiratete jetzt noch mehr Grund hätten, Singles zu bemitleiden. Dass das Bild vom unglücklichen, von Thunfischsandwichs lebenden Workaholic an die Stelle jenes wohlgepflegten Images vom jetsettenden Glamour-Girl treten würde.

Meiner Meinung nach müssen wir uns einfach nur klarmachen, dass all diese Stereotypen irreführend sind. Single zu sein, kann *sowohl* eine Gaudi *als auch* eine Plackerei sein. Es kann extrem befreiend sein, niemanden nach seiner Meinung fragen zu müssen, wenn man beispielsweise umziehen oder dem Friedenskorps beitreten will. Aber es kann auch sehr stressig sein, ohne einen Partner sein Haus zu verkaufen oder sich im Ausland zurechtzufinden.

Und dennoch bewältigen Singles das ständig. Sie kaufen Häuser, sind Gastgeber von Weihnachtsessen, geben in Südkorea Englischunterricht. Und das tun sie nicht nur mit deutlich weniger finanziellen Ressourcen als verheiratete Paare, sondern sie werden auch in vielen gesellschaftlichen Bereichen (Auto-, Kranken- und Rentenversicherung, Mitgliedsbeiträge im Fitnessclub) finanziell bestraft, meint die Sozialpsychologin Bella DePaulo, Gastprofessorin an der Universität Kalifornien und Autorin von *Singlism*. Die Zusatzkosten des Singledaseins könnten sich im Laufe des Lebens einer Frau auf bis zu eine Million Dollar belaufen, meinen Lisa Arnold und Christina Campbell, die Gründerinnen von Onely.org, die alles penibel durchgerechnet haben.

DePaulo ist der Meinung, dass der Gesetzgeber alleinstehende Menschen diskriminiert (ein Grund dafür, dass die Gruppe der Schwulen, Lesben und Transsexuellen für das Recht auf Heirat kämpft). Beispielsweise dürfen sich nur Ehepartner, erwachsene Kinder und Eltern von der Arbeit freistellen lassen, um einen erkrankten Angehörigen zu pflegen. Wenn eine kinderlose alleinstehende Frau krank wird, können sich nur ihre

Eltern freistellen lassen, um sie zu pflegen. Wenn sie schon verstorben oder der Aufgabe nicht mehr gewachsen sind, hat sie Pech gehabt. Selbst eine Schwester, Nichte oder beste Freundin, die bereit wäre, sich von der Arbeit freistellen zu lassen, ist gesetzlich nicht dazu berechtigt. Niemand hat das Recht, sie zu pflegen.

Es geht hier nicht darum, Trübsal zu blasen oder seinen verheirateten Freunden mehr Grund zu geben, einen zu bemitleiden. Es geht darum, die Tatsache anzuerkennen, dass man als alleinstehender Mensch die Sache am Laufen hält, obwohl man deutlich benachteiligt ist.

Ich behaupte nicht, dass die Ehe immer einfacher sei. Ich räume ein, dass es ziemlich arbeitsintensiv sein kann, mit einem Drückeberger verheiratet zu sein, der nicht einmal in der Lage ist, die Spülmaschine auszuräumen (was bei vielen Menschen zweifellos der Fall ist).

Aber gerade darum müssen Frauen wählerisch sein. Mit dem Falschen verheiratet zu sein, ist Arbeit. Mit einem Arschloch verheiratet zu sein, ist Arbeit. Und zweifellos ist es eine Herausforderung, mit dem Mann verheiratet zu sein, mit dem man »sich zufriedengegeben hat«, insbesondere, wenn er herausfindet, dass die eheliche Gemeinschaft mehr auf Angst als auf Liebe gründet.

Aber wissen Sie, was passiert, wenn man durchhält und auf den freundlichen und rücksichtsvollen Menschen wartet, den man lieben und respektieren kann? Wenn man wartet, bis man selbst erwachsen ist, bevor man sein Leben mit dem eines anderen Menschen verschmilzt? Wenn ich mich mit Frauen unterhalte, die erst spät geheiratet haben, sagen die meisten, dass die Ehe ... eigentlich nicht so viel Arbeit sei. Natürlich kann es Streit oder Konflikte geben. Aber im Vergleich zum Singledasein ist es trotzdem eine lockere Schreibtischtätigkeit.

Und die Ehe bietet in vielerlei Hinsicht Gelegenheiten, zumindest vorübergehend in die Rolle des Kindes zurückzufallen.

Immer wenn Mark und ich ein Ferienhaus mieten, bekommen wir detaillierte Anweisungen dazu, was man bei der An- und Abreise zu tun hat (Heizung, Strom, Wasser etc). Ich lese sie nie, sondern reiche sie direkt weiter, und alles wird erledigt. (Er ist auch derjenige, der die Route plant und das Auto fährt, in dem wir an den Urlaubsort gelangen.)

Das ist keine rückwärtsgewandte Unterwerfung unter altmodische Eheregeln, bei der ich ihn Haushaltsvorstand sein lasse. Ich trage meinen Teil in anderer Hinsicht bei: Als wir unsere Wohnung verkauften, war ich diejenige, die mit den Immobilienmaklern und Anwälten sprach und den meisten Papierkram erledigte. (Und da ich die Wohnung als Single gekauft hatte, war ich die einzige rechtmäßige Eigentümerin.) Zeitweise hatte Mark ein schlechtes Gefühl dabei, aber so ist das nun mal in einer Ehe. Man kann in Bezug auf einige der grundlegenden Tatsachen seines Daseins völlig ahnungslos bleiben und trotzdem die volle Anerkennung als Erwachsener bekommen – mehr Anerkennung, als wenn man alles allein abwickeln müsste.

Jetzt erkenne ich, dass mich all die Jahre des Alleinseins gezwungen haben, Muskeln zu entwickeln, die ich nie eingesetzt hätte, wenn ich mit 26 geheiratet hätte (und die, ehrlich gesagt, im Begriff sind, sich zurückzubilden). In vielerlei Hinsicht war ich nie erwachsener als während meiner Zeit als Single.

12
Du bist zu egoistisch

Nach der Wahl von 2012 befassten sich einige Kommentatoren bei Fox News mit der Frage, weshalb alleinstehende Frauen mit überwältigender Mehrheit für die Demokraten statt für die Republikaner gestimmt hätten. Ihre Schlussfolgerung: Verheiratete Frauen machen sich mehr Gedanken über die Zukunft unseres Landes. »Das Leben verheirateter Frauen verläuft in ruhigeren Bahnen, sie denken an ihre Kinder und daran, in welchem Zustand das Land sein wird, wenn sie erwachsen sind«, meinte einer von ihnen.

Singlefrauen sorgten sich dagegen hauptsächlich um Abtreibungen und staatliche Hilfe bei der »Krankenversicherung«, sagte einer und zeichnete dabei mit den Fingern abfällige Anführungszeichen in die Luft.

Rumhurende, egoistische Staatsschmarotzer. Die Ansichten der meisten Amerikaner in Bezug auf alleinstehende Frauen sind nicht ganz so abwertend, aber die Vorstellung, dass das

Singledasein oberflächlich und isoliert ist, dass Singles nie über den Tellerrand ihrer Pediküre hinausschauen, während Verheirate die Gesellschaft aufbauen, ist wohl kaum auf konservative Nachrichtenexperten beschränkt.

Die Soziologinnen Naomi Gerstel und Natalia Sarkisian haben etwas völlig anderes herausgefunden. Bei der Auswertung von Daten aus landesweiten Haushalts- und Sozialumfragen machten sie einige überraschende Entdeckungen: Singles widmen ihrer erweiterten Familie, ihren Freunden und ihrem Gemeinwesen mehr Zeit als ihre verheirateten Altersgenossen.

Bei alleinstehenden Frauen und Männern ist die Wahrscheinlichkeit, dass sie ihre alten Eltern anrufen, besuchen und bei alltäglichen Aufgaben unterstützen (Haushalt, Fahrten zum Arzt etc.) höher als bei Verheirateten. Im Gegensatz zu dem verbreiteten Bild des einsamen Außenseiters haben Singles mehr Freunde als Verheiratete und pflegen diese Freundschaften mehr – sie rufen öfter an, machen mehr Besuche und helfen öfter bei Haushaltsarbeiten etc. Singles sind auch eher geneigt, Nachbarn und Geschwistern auszuhelfen. Und Frauen, die noch nie verheiratet waren, nehmen öfter an politischen Versammlungen teil und unterzeichnen mehr Petitionen als die Kohorte der Verheirateten, schrieben die Autorinnen in einem Artikel mit dem Titel: »Die Ehe: die Guten, die Bösen und die Gierigen«.

Professor Gerstel berichtete mir, dass sie beim ersten Blick auf die Daten vermutet hätten, der Unterschied sei darauf zurückzuführen, dass die Verheirateten eher Kinder hätten. Schließlich sind kleine Kinder, die gefüttert und gebadet werden müssen, eine akzeptable Ausrede dafür, dass man es nicht zur Geburtstagsfeier einer Freundin oder zu einer Dichterlesung geschafft hat.

Also bezogen die Autorinnen die Elternschaft mit ein und stellten fest, dass die Kinder *nicht* die Schuldigen waren. Sie fanden heraus, dass kinderlose Ehepaare die Menschen mit der geringsten Verbindung zum Gemeinwesen sind. All die schulischen und außerschulischen Aktivitäten der Kinder bringen Paare zur »Herde« zurück.

Neben der Kirche waren Kinder auch ein Hauptgrund dafür, dass Verheiratete in der Tat eine bessere Bilanz als Singles in Bezug auf ehrenamtliches Engagement aufzuweisen haben – schließlich sind da all die Aufforderungen, bei Schulveranstaltungen mitzuarbeiten oder Fußballgruppen zu trainieren. Andererseits bestanden die beliebtesten ehrenamtlichen Aktivitäten von Singles darin, die Kinder anderer Leute zu betreuen und zu trainieren, Spenden für gemeinnützige Organisationen zu beschaffen und Essen zu verteilen oder zu servieren. Das heißt, wir können zwar den Verheirateten ein paar Punkte für ihre ehrenamtliche Gesamtbilanz geben, aber durch das Beschaffen von Geld für das Schulorchester des eigenen Kindes erreicht man nicht dasselbe altruistische Niveau wie durch das Geschirrspülen in einer Suppenküche.

Es geht nicht darum, Singles und Verheiratete gegeneinander auszuspielen und um das Höchstmaß an Tugendhaftigkeit konkurrieren zu lassen, sondern darum, unsere Annahmen in

Bezug auf Singles genauer unter die Lupe zu nehmen und zu hinterfragen, was der Realität entspricht und was wir aus Lippenstiftwerbung übernommen haben.

Außerdem geht es darum, die wichtige Rolle anzuerkennen, die Singles im Gemeinschaftsleben spielen. Wie Eric Klinenberg in *Going Solo* dargelegt hat, sind alleinstehende Menschen einfach mehr da draußen in der Welt unterwegs – sie verbringen mehr Zeit als Verheiratete in Restaurants, Bars, Läden und bei öffentlichen Veranstaltungen. Sie neigen auch eher dazu, künstlerische oder musikalische Kurse zu belegen. Und sie machen die Hälfte der Bevölkerung aus (in Deutschland ca. 20 Prozent). Laut Klinenberg waren 2012 49 Prozent der Erwachsenen in den USA unverheiratet, und 28 Prozent aller Haushalte waren Singlehaushalte (dieser Anteil hat sich seit 1960 verdoppelt).

Es ist also an der Zeit, die Vorstellung aufzugeben, dass Singles am Rande der Gesellschaft leben und sich um nichts außer um ihre Schönheitsbehandlungen und ihre Katzen kümmern. Singles halten sich nicht am Rand der Gesellschaft auf – sie *sind* die Gesellschaft.

13
Du musst dich dem Universum anvertrauen

Es gibt Frauen, die sich ständig zu verlieben scheinen. Bei Garagenflohmärkten, an Bushaltestellen, in Waschsalons. Manche von ihnen sind schön, andere nicht. Manche sind ausgesprochen freundlich oder schlagfertig, andere... nun ja.

Denjenigen von uns, deren Besuche in der Reinigung selten Aufregenderes als Gespräche über Fleckentfernung beinhalten, sind diese Frauen ein Rätsel. Wir sehen vielleicht nicht wie Models aus, aber wir haben uns die Haare gebürstet und Lippenstift aufgelegt. Und okay, vielleicht sind spontane Witze über die Kfz-Zulassungsstelle nicht unsere Stärke, aber trotzdem sind wir freundliche Menschen, die mit anderen Menschen unabhängig vom Telefon kommunizieren können.

»Vertrau dich dem Universum an«, wird uns dann gesagt. »Schick eine Botschaft, dass du auf der Suche nach einem Seelengefährten bist.« (Als ob das Universum ein großes Call-Center sei.) Der eigene Wesenskern werde diese Botschaft aussenden, während man an der Ampel wartet oder den Müll rausbringt. Und es werde keineswegs verzweifelt oder seltsam wirken, wenn man seine Liebesbereitschaft auf diese Weise jedermann zu erkennen gibt. Einfach nur, äh, anziehend.

Diese Art von Ratschlag wirkt auf jeden Fall freundlicher und inspirierender als die Variante: »Reiß dich zusammen und mach's richtig.« Und poetischer noch dazu. Man kann auf einem Berggipfel sitzen und den Seelengefährten visualisieren. Man kann auf einer Klippe stehen und eine Flaschenpost in das aufgewühlte Meer werfen. Man kann tiefschürfende Gedanken in ein stoffbezogenes Tagebuch schreiben, während man in einem nach Lavendel duftenden Bad liegt.

Auf das Universum zu vertrauen, hat etwas sehr Aufregendes und Romantisches. Man fühlt sich weniger einsam, wenn man glaubt, dass der Kosmos irgendwie auf einen aufpasst.

Und wenn man eine weitere Geburtstagsfeier oder eine Silvesternacht durchzustehen hat, ist diese Vorstellung so verführerisch. Ich habe mich nach einer dieser »Füreinander bestimmt«-Geschichten gesehnt. À la: *Es war ganz seltsam. Ich war im Auto unterwegs, als mir plötzlich etwas sagte, dass ich zum Metzger gehen müsse, was keinen Sinn machte, da ich seit zwölf Jahren Veganer war…*

Ich wollte diese magische Geschichte. Ich wollte diese Gewissheit, dass der Himmel auf mich aufpasste. Dass es einen Plan gab. Eine Matrix. Irgendetwas. Ich wollte, dass mich irgendeine

Kraft zum richtigen Café, Taxistand oder Möbelhaus lenkte. Ich wollte den Tag mit mehr als einem Blaubeermuffin und dicht gewebten Laken beschließen.

Sicher haben viele Menschen von dieser Art Ratschlag profitiert. Er kann ein Gefühl von Kontrolle in einer chaotischen Welt vermitteln und vielleicht sogar ein paar nette Einsichten nach sich ziehen. Vielleicht führt stilles Nachdenken zu der Erkenntnis, dass man seinen Managementberatungsjob aufgeben und eine Kochausbildung machen sollte (oder seinen Job im Restaurant aufgeben und einen Businessabschluss machen sollte). Vielleicht wird einem klar, dass es Zeit ist, eine schädliche Freundin aus dem eigenen Leben zu verbannen. Aber wenn man einzig und allein aus dem Grund, einen Seelengefährten finden zu wollen, die Kristallkugel hervorholt und anfängt, seine Chakren zu erkunden, dann wird es ziemlich hart, wenn diese Person nicht auftaucht.

Denn dann ist man nicht nur allein, sondern auch nicht im Einklang mit dem Universum. Und das ist ziemlich heftig.

Besonders, wenn Menschen einen mit ihren eigenen magischen Kennenlerngeschichten aufzuheitern versuchen. Vielleicht sind sie manchmal ermutigend, aber oft drängt sich dabei auch die Frage auf, warum man selbst von den Elfen und Feen des Universums ständig übergangen wird. Warum stellt sich jedes Mal, wenn man selbst einen Mann im Supermarkt kennenlernt, heraus, dass er bei seiner Mutter im Untergeschoss lebt?

Die Faszination unserer Kultur für magisches Denken – von »alles passiert aus einem bestimmten Grund« bis hin zu »es passiert immer, wenn man nicht hinschaut« – hat einen positiven Ursprung, aber gleichzeitig auch etwas Grausames und Dummes.

Grausam, denn wenn alles aus einem bestimmten Grund geschieht, was ist dann der Grund dafür, dass ein Kind entführt wird oder eine Ölplattform explodiert? Was ist der Grund dafür, dass eine Frau den Kampf gegen den Brustkrebs gewonnen hat, während die eigene Schwester ihn verloren hat? Und dumm, weil sie die Weigerung beinhaltet, dem ins Auge zu sehen, was jeder versteht, der schon einmal eine Zeitung aufgeschlagen hat – dass vieles im Leben völlig willkürlich und unfair ist.

Als ich mit dem Onlinedating anfing, fühlte es sich an wie das Eingeständnis einer Niederlage. Ich war darin gescheitert, jemanden »auf natürlichem Weg« kennenzulernen; ich war unfähig. Das war zu einer Zeit, als das Onlinedating noch etwas ziemlich Neues war und die Worte »ein Mann, den ich im Internet kennengelernt habe« verheiratete Freundinnen erschaudern ließen. Als die Vorstellung, dass Exfreunde über das eigene Profil stolpern und »Wow, tragisch« denken könnten, allzu real erschien.

Also wappnete ich mich für das trübsinnige Durchforsten all der Freaks und Psychos, entdeckte aber etwas völlig anderes. Nette Männer. Attraktive Männer. Männer mit Jobs. Nette, attraktive Männer, die sich ein zweites Mal *mit mir* verabreden wollten.

Ich weiß, inzwischen ist Onlinedating ein alter Hut. Die verheirateten Freunde zucken nicht mehr zusammen, wenn sie davon hören, sondern empfehlen es als Allheilmittel. Ungefähr so, wie unfruchtbare Paare über Adoption informiert werden – *Moment mal, wirklich? Es gibt ein System, über das man Eltern von Kindern anderer Leute werden kann? Erzähl mehr!* –, werden Singles jetzt routinemäßig darauf hingewiesen, dass man online Leute kennenlernen kann.

Also gut, Sie wissen schon, dass es Onlinedating gibt, Sie haben es schon praktiziert und … Sie lesen dieses Buch.

Wenn Sie es mit elitepartner.de versucht haben und entschieden haben, dass es nichts für Sie ist – in Ordnung. Onlinedating ist für manche Leute der Hit und für andere überhaupt nicht. (Wobei ich wetten würde, dass das mehr mit der demografischen Zusammensetzung bei bestimmten Anbietern als mit einzelnen Persönlichkeiten zu tun hat.) Aber folgender Aussage können wir wohl alle zustimmen: Das Onlinedating hat die Vorstellung Lügen gestraft, dass erfolgreiche Partnersuche etwas mit der Läuterung der eigenen Seele zu tun hat.

Vor dem Onlinedating konnte man leicht der Vorstellung verfallen, dass man sich in eine Stimmgabel verwandeln oder die eigene Psyche auf eine bestimmte Funkfrequenz einstellen könne, und dann würde er auftauchen. Es war eine schöne Vorstellung, aber sie trug auch ein schwerwiegendes Urteil in sich. Denn diese Philosophie besagte im Wesentlichen, dass verheiratete Bekannte ihren Partner nicht gefunden hatten, weil sie zufällig denselben Chemiekurs wie er besucht hatten oder dem richtigen Barjob nachgegangen waren. Nein, sie hatten mehr als den bloßen Zufall auf ihrer Seite gehabt, nämlich *das Univer-*

sum. Das Universum hatte Überstunden gemacht, um sicherzustellen, dass all diese scheinbar beliebigen Ereignisse sich zu ihrer kuscheligen vierköpfigen Familie am Abendbrottisch zusammengefügt hatten. Und wenn man sich selbst einfach nur zusammenreißen würde, könnte man vielleicht auch vom GPS des Universums erfasst werden.

Das Onlinedating hingegen hat absolut nichts Seelenvolles oder Poetisches. Und doch funktioniert es. Vielleicht nicht für Sie, vielleicht noch nicht, aber für manche Leute. Die unmagischste, unromantischste Art, jemanden kennenzulernen, ist zugleich die effektivste Art. Eine Studie der Universität Stanford ergab, dass das Onlinedating zur zweithäufigsten Art des Kennenlernens geworden ist und dass die Altersgruppe, die am meisten davon profitiert, die Gruppe der 35- bis 45-Jährigen ist. Und eine Umfrage der University of Chicago unter mehr als 19 000 Menschen, die zwischen 2005 und 2012 geheiratet hatten, ergab, dass inzwischen ein Drittel aller Ehen mit Onlinedating beginnt.

Bei beiden Studien stellten die Wissenschaftler fest, dass die Beziehungen, die online begannen, keine Nachteile in Bezug auf Qualität oder Dauer hatten. »Wir konnten keinen Unterschied feststellen: Liebesbeziehungen, die online begannen, sind nicht von anderer Qualität als auf andere Weise zustande gekommene Beziehungen und auch nicht trennungsanfälliger als im Vergleichszeitraum offline entstandene Beziehungen«, schrieben die Autoren Michael J. Rosenfeld und Reuben J. Thomas. Die Studie der University of Chicago ergab, dass Ehen, an deren Anfang Onlinedating stand, eine etwas *niedrigere* Trennungswahrscheinlichkeit haben. (Diese Studie wurde von der Dating-Website eHarmony in Auftrag gegeben, aber unabhängig überprüft, und eHarmony erklärte sich vorab damit einverstanden, sie in jedem Fall zu veröffentlichen.)

Im Gegensatz dazu gibt es bislang noch keine von Experten geprüften Daten zur Wirksamkeit des Tagebuchführens bei Kerzenlicht.

Nicht, dass das nicht etwas Schönes wäre. Es ist wunderbar, in einem Zuhause mit harmonisch arrangierten Möbeln zu leben, und wer hätte etwas gegen ein Bad mit Rosmarinduft einzuwenden? Aber durch den Zusatz »Ich tue das, um einen Partner zu finden« werden diese Freuden eher eingeschränkt. Ich spreche aus persönlicher Erfahrung.

Onlinedating ist – wie Impfungen und Brillen – etwas, das uns zeigt, dass wir dem, was »auf natürliche Weise« passiert, nicht hilflos ausgeliefert sind. Wir besitzen ein Gehirn, das Werkzeuge für den Umgang mit diesen Dingen entwickelt.

Vor allem aber können wir eine erwachsenere Haltung einnehmen und uns klarmachen, dass Gott oder das Universum oder wie wir es auch immer nennen wollen, kein Dauerbabysitter ist, der Süßigkeiten oder Kohleklumpen verteilt.

Wir haben keine Kontrolle darüber, ob diese magische Person in unser Leben hereinschneit, aber wenn wir genug davon haben, darauf zu warten, dass das Schicksal den Finger von der Schlummertaste nimmt, können wir uns vielleicht damit trösten, dass bescheidene Dinge wie das Ausfüllen von Onlinefragebögen und Verabredungen mit Fremden auf einen Latte macchiato mindestens ebenso effektiv wie das Abbrennen von Räucherstäbchen und das Anrufen alter Gottheiten sind.

Und was die Magie angeht – wie wär's damit: Wir besitzen heutzutage Maschinen, die uns sagen können, wo wir andere Menschen finden, die auch auf der Suche nach Liebe sind und vielleicht gern mit uns ausgehen würden. Wir können diese Maschinen nutzen, um Verabredungen zu treffen, und andere Maschinen, um dorthin zu gelangen.

Wenn wir die Sendetaste betätigen, erklingt vielleicht kein Sonett, aber eine Verbindung zum Universum *wird* hergestellt.

14
Du brauchst einen Aktionsplan

Wir – fünf Frauen Ende dreißig – betraten eine Bar in Manhattan.

»Siehst du jemanden?«, fragte eine Freundin.

Wir ließen unsere Blicke schweifen. Einige Paare, eine Gruppe Frauen, ein paar Männer, die weit mehr aneinander als an den Frauen im Raum interessiert zu sein schienen. Wir schüttelten den Kopf und zogen weiter.

Das wiederholten wir drei oder vier Mal, bis wir uns schließlich in eine überfüllte Bar zwängten, wo wir schlechten Merlot tranken und ins Leere starrten und darauf warteten, dass wir nach Hause gehen und uns den Barbara-Stanwyck-Marathon im Fernsehen ansehen konnten.

Mit anderen Worten: Wir waren die Verkörperung des schlimmsten Singlestereotyps – eine Gruppe einsamer, nicht mehr ganz junger Frauen, die Bars wie ein Polizeichef auf der Suche nach einem Mordverdächtigen durchkämmte.

Aber war das nicht das, was man von uns erwartete? Aktiv sein, die Zügel in die Hand nehmen? Was hätten uns diejenigen geraten, die darüber die Nase rümpften? Dass wir lieber im Schlafanzug mit der Fernbedienung zu Hause sitzen sollten?

Das Gegenstück zur spirituellen Variante ist der Rat, die Suche nach einem Ehemann mit demselben laserscharfen Fokus anzugehen wie die Suche nach einer neuen Stelle oder einer Therapie für Parkinson. Das Schöne an dieser Art von Ratschlag ist, dass er einem die Illusion der Kontrolle gibt. Man ist so mit seinem Zwölf-Punkte-Aktionsplan und den Gruppenstrategiebesprechungen beschäftigt, dass man – selbst wenn man IHN an diesem Abend nicht findet – zumindest weiß, dass man seiner staatsbürgerlichen Pflicht als alleinstehende Frau nachkommt. Man strengt sich an! Man bemüht sich!

Bis man irgendwann zu viele Abende mit freudlosem Suchen zugebracht hat und völlig ausgelaugt ist. Dann sagt man sich: *Weißt du was, zum Teufel damit*, und verbringt die nächsten fünf Samstagabende vor dem Fernseher. Und wenn *es* nie passiert, nun, dann hat man wenigstens nie in einer Sportbar herumhängen und Interesse am UEFA-Cup vortäuschen müssen.

Aber irgendwann fühlt man sich *deswegen* schlecht und beschließt, wieder »da rauszugehen«. Und das Ganze fängt von vorne an.

Natürlich gibt es viele Gelegenheiten, bei denen man sich an keinem der beiden Extrempunkte befindet, sondern einfach an einem Kletterkurs teilnimmt oder sich das Theaterstück anschaut, in dem der Neffe mitspielt, oder am Open-Mike-Abend in seiner Lieblingsbar Gitarre spielt. Aber selbst dann fällt es schwer, den kleinen Hoffnungsschimmer – vielleicht steht ein netter alleinerziehender Vater an der Snackbar! – und die nachfolgende Enttäuschung (nein, heute Abend nicht) zu ignorieren.

Aktive Suche kann niederschmetternd sein, aber wie wir alle wissen, hat auch die Methode »Die Liebe einfach natürlich kommen lassen« (vielleicht im Pilateskurs oder im Büro) schwerwiegende Nachteile. Und was man auch tut, man wird immer darauf hingewiesen, dass es das Falsche war. Man wird abwechselnd dazu aufgefordert, sich »einfach mal zu entspannen« oder »da rauszugehen«, je nachdem, was man gerade nicht getan hat.

Aber wie erreicht man dann diesen schmalen Grat, diesen Punkt, an dem man die Wohnungstür aufreißt, tief Luft holt und sagt: »Welt, ich komme. Ich werde diesen Tag bis zum äußersten auskosten, aber auch offen für die Liebe sein!« Wie findet man diese magische Energie in sich, mit der Menschen, die mit 22 geheiratet haben, anscheinend geboren wurden, diese besondere Frequenz, die sowohl Offenheit gegenüber möglichen Veränderungen als auch absolute Zufriedenheit mit dem eigenen Leben und zusätzlich noch ein bisschen Sexappeal ausstrahlt?

Zunächst einmal sollte man sich von der Vorstellung lösen, dass jeder Mensch in einer funktionierenden Beziehung diesen magischen Zustand erreicht hat. Man denke nur an die Freundin, die ihren Mann morgens um drei bei einer Wohnheimsfete kennengelernt hat, nachdem sie sich hinter einem Busch übergeben hatte.

Dennoch steckt dahinter eine interessante philosophische Frage: Wie findet man – wie es die Yogalehrer ausdrücken – das Gleichgewicht zwischen Anstrengung und Hingabe?

Ich hatte die Gelegenheit, dem buddhistischen Lehrer Ciprian Iancu diese Frage zu stellen. Bei einem Vortrag beschrieb er beispielhaft eine ähnliche Art von Abend: Man steht gegen 2.30 Uhr leicht alkoholisiert in einer Bar, und die Person, in die man sich verknallt hat, reagiert nicht in der gewünschten Weise.

»Es macht seit Stunden keinen Spaß mehr, aber man bleibt, in der Hoffnung, dass man der Nacht doch noch ein bisschen Spaß abringen kann«, sagte er.

Und dann fügte er hinzu, eine solche Situation entspreche der klassischen buddhistischen Definition des Leidens: etwas zu ersehnen, das man nicht haben kann.

Wenn man Glück hat, legt sich der Schalter um. Man trinkt ein Glas Wasser, ruft ein Taxi. Man fährt nach Hause. Das ist nicht notwendigerweise ein glücklicher Augenblick, aber es ist der Augenblick, in dem man seine Würde zurückgewinnt. In dem man sich der harten Wahrheit stellt: *Heute ist nicht der Abend*. In dem man vielleicht zu einer noch tieferen Erkenntnis gelangt: *Ich werde nicht mehr dieser Mensch sein. Ich habe die Nase voll davon.*

Nach buddhistischer Auffassung ist die Ursache des Leidens heftiges Verlangen und Unwissenheit. Man sucht das Glück außerhalb seiner eigenen Person. Man ist mit der Realität nicht im Reinen. Der Weg aus dem Leiden besteht darin, Dinge so anzunehmen, wie sie sind, und den Schmerz, den diese Umstände verursachen (Einsamkeit, Frustration oder gar Selbstverachtung), einfach zuzulassen, ohne darüber zu urteilen. Wenn man anfängt, diese Gefühle als einfache Empfindungen zu sehen, Empfindungen, die vorübergehen werden, dann erkennt man, dass sie zu bewältigen sind. Es sind die damit zusammenhängenden Gedanken, die uns Probleme bereiten. *Was tue ich an diesem Ort, an dem keiner aussieht, als ob er alt genug zum Autofahren sei? An welcher Stelle habe ich etwas falsch gemacht?* Das ist das Salz, das wir unweigerlich in unsere Wunden reiben.

»Aber manchmal ist es doch gut, nach etwas zu streben, nicht wahr?«, fragte ich Iancu. »Man will einen neuen Job, also verschickt man Lebensläufe. Man will eine Beziehung, also geht man aus.«

»Absolut«, sagte er. »Der Buddhismus hat kein Problem damit, dass man sich um Dinge bemüht. Das Problem ist nicht das Wollen, sondern das, was passiert, wenn man nicht bekommt, was man will.« Mit anderen Worten: Das Problem ist nicht, dass man sagt: »Ich hoffe, dass wir heute Abend ein paar süße Typen treffen. Lasst uns irgendwo hingehen, wo wir eine gute Chance haben, dass das passiert.« Problematisch wird es, wenn wir entscheiden, dass der Abend ein Reinfall war, wenn er nicht mit ausgetauschten Handynummern oder einer Knutschsession in irgendeiner dunklen Gasse endet.

Wie findet man zu dieser Haltung? »Das wissen nur Sie selbst«, meinte Iancu.

Meine eigene Strategie bestand darin, mir folgende Fragen zu stellen: Gibt mir das Kraft oder zehrt es mich aus? Lasse ich zu, dass mein Wunsch, der Abend möge sich in eine bestimmte Richtung entwickeln, in Verzweiflung umschlägt, oder wahre ich meine Würde?

Würde ist das, was entsteht, wenn man sich nicht zu reflexartigen Reaktionen hinreißen lässt. Wenn man für den Kollegen, der einem gerade eine sexistische Beleidigung an den Kopf geworfen hat, nur einen mitleidigen Blick übrig hat, und an den eigenen Schreibtisch zurückkehrt. Wenn man nach dem Lesen der »Ich glaube, wir passen nicht zusammen«-E-Mail einen Moment innehält (vielleicht weint, wenn es sein muss) und dann zurückschreibt: *Es tut mir leid, das zu hören. Viel Glück.* Das bedeutet nicht, Schmerz zu unterdrücken oder zu leugnen, sondern ihn ohne Peinlichkeit zuzulassen. Würde überwindet die Umstände.

Der Abend, als meine Freundinnen und ich von Bar zu Bar zogen, war schrecklich. Aber das Problem war nicht, dass wir auf der Suche waren, ja, nicht einmal, dass wir einsam waren. Das Problem war, dass wir keinen Spaß hatten. Wir versuchten, den Abend in eine bestimmte Richtung zu zwingen, und verstrickten uns in viele Erklärungen dafür, warum uns das nicht gelang.

Und das ist die beste Antwort, die ich auf die Frage habe, wie viel Mühe man sich mit der Suche geben sollte: so viel man will.

Ich vermute, dass Sie schon in beiden Welten zu Hause sind, indem Sie manchmal aktiv nach einem Partner suchen und manchmal nicht. Aber wenn Sie sich ständig hin und her gerissen fühlen – nie das Gefühl haben, dass das, was Sie gerade tun, das Richtige ist –, dann ist das der Teil, von dem Sie sich befreien sollten. Wenn Sie online nach einem Partner Ausschau halten, dann halten Sie online Ausschau. Sie müssen das nicht mit dem Text unterlegen: *Mein Gott, wie armselig, so was an einem Freitagabend zu tun. Ich sollte da draußen beim Swing-Tanzen sein.* Und wenn Sie beim Swing-Tanzen sind, dann tanzen Sie einfach. Und machen sich keine Gedanken darüber, dass das Durchschnittsalter im Raum (trotz des Artikels in Ihrer Lokalzeitung über die »Zehn besten Orte zum Kennenlernen anderer Singles«) bei etwa 85 liegt.

Wenn ich heute an die Frau denke, die ich einmal war (die sich von der Couch wuchtete, um zum nächsten Onlinedate zu gehen, und die tief Luft holte, bevor sie bei der Party aufkreuzte, bei der sie ihren Ex mit seiner Neuen sehen würde), empfinde ich keine Spur von Verachtung oder Verlegenheit. Ich empfinde eine Art amüsierter Bewunderung für die Frau, die ihre Niederlagen einsteckte und sich wieder aufrappelte. *Das war ich. Die ihr Bestes tat.* Und das ist natürlich das Einzige, was wir alle tun können.

15
Du führst ein zu aufregendes Leben, um dich auf eine feste Beziehung einzulassen

»Dein Leben klingt so spannend! So glamourös!«, sagen die Verheirateten, nachdem man erzählt hat, dass man mit einem Mann, den man in der Autowerkstatt kennengelernt hat, ins Kino gehen wird. Dem geht oft eine dieser kokettierenden Bemerkungen im Stil von »Ich bin ja nur eine langweilige Mama« voraus. »Und *meine* großen Pläne bestehen darin, mit Bella Prinzessin zu spielen und Connor davon zu überzeugen, ein Bad zu nehmen…«

Nicht, dass diese Vergleiche völlig unwillkommen wären. Wenn man schon nur die zweite Wahl im Leben bekommt, kann man schließlich auch das Beste daraus machen.

Also spielt man das Spiel mit. Das Onlinedate vom vorherigen Abend war zwar nicht gerade überwältigend, aber immerhin war er Arzt (na ja, Hautarzt) und er hatte die Konzertkarten, für die sein Kollege keine Verwendung mehr hatte. Also erwähnt man ganz nebenbei den Doktortitel und das Streicherensemble. Warum auch nicht? Wenn das Leben und das Fernsehen einem diesen Chip haben zukommen lassen, warum sollte man ihn dann nicht in die Tischmitte schieben? Nur zu. Streu noch ein paar Namen mysteriöser Männer ein – »Matt, der Investmentbanker«, »Trey, der Bassist«.

»Wir verlieren den Überblick!«, rufen sie aus.

»Ich auch!«, antwortest du.

Auch das Berufsleben lässt sich so aufpolieren, dass es spektakulär erscheint, denn, wie Melanie Notkin betont, sind alle berufstätigen Frauen »Karrierefrauen«. Heirat? Kinder? Wer denkt denn an so was, wenn er die Quartalsbilanz abzulegen hat!

Und eine Karrierefrau muss man schon sein, sonst könnte man sich ja die nötige Ausstattung eines coolen Singlelebens nicht leisten – die Wochenenden in Paris, die Weinverkostungskurse, die Haarbehandlungen für 200 Euro. Ferien im Nationalpark und Sparcoupons sind nichts für uns. Das ist nur was für langweilige Mamas!

In meinem Beruf hatte ich nie viel verfügbares Einkommen, aber freiberufliche Autoren werden ja ohnehin oft mit Strass und Glitter bezahlt. Da gab es ein Interview mit einem berühmten Schriftsteller, einen Auftrag zur Beurteilung einer Wellness-Einrichtung, eine Premierenfeier, bei der Kellner teuren

Champagner und hübsche kleine Schnittchen servierten. Das waren die Glitzersteine, aus denen ich meine Glamour-Rüstung baute – kein Gedanke an die Frau, die vor dem Fernseher den Spaghettirest vom Vortag vertilgte. Ich ging mit meinem Leben um wie mit einer Facebook-Seite. Ich bearbeitete es so lange, bis ein hübsches, glitzerndes Paket dabei herauskam, und dann sagte ich: »Das bin ich«.

Und ein großer Teil dieses »Ichs« waren die Männer – denn, du lieber Himmel, was gab es da nicht alles für Männer. Mir wurde schnell klar, dass das Wichtigste an meinem aufregenden Leben (wichtiger noch als berufliche Erfolge, Reisen oder exotische Cocktails) war, sehr deutlich zu machen, *dass ich keinen Mann brauchte*.

Die bloße Tatsache, dass ich ja schon viele Jahre allein war, zählte nicht. Dass ich keinen Mann brauchte, konnte ich nur dadurch beweisen, dass ich einen Mann *hatte* und dann klarstellte, wie überflüssig er war.

Ehrlich gesagt, war ich darin nicht besonders gut. Ich hatte mein einsames, pulsierendes Herz zu oft zur Schau getragen, um irgendjemandem weiszumachen, dass ich nicht an einer Beziehung interessiert sei. Aber hin und wieder traf ich mich mit jemandem, der auf dem Papier gut klang (weil er einen coolen Job oder ein interessantes Herkunftsland hatte), zu dem ich aber über die erste physische Anziehungskraft hinaus keine Verbindung herstellen konnte. Ich wusste, dass unter der Oberfläche etwas Wesentliches fehlte, ignorierte es aber, weil *an* der Oberfläche alles so toll aussah. Ein intelligenter, gut aussehender

Mann führte mich zum Essen aus. Später gingen wir in meine Wohnung, und er küsste mich. Vielleicht wäre das alles, was ich je bekommen würde. Vielleicht genügte es.

Ich versuchte mir selbst einzureden, dass ein Gefühl der Distanz ein Zeichen von Stärke sei – Dating nach Männerart und so. Diese Halbbeziehungen machten auch bei Familientreffen oder anderen Gelegenheiten, bei denen ich gefragt werden konnte, ob es jemanden in meinem Leben gebe, die Dinge einfacher. »Ich gehe zur Zeit mit einem Architekten aus – es macht Spaß, nichts Ernstes« klang deutlich besser als »Nein«.

Aber der Morgen nach diesen »Nur zum Spaß«-Verabredungen fühlte sich oft nicht so gut an. Es gab einen etwas unbeholfenen Abschied (»Ich ruf dich an.« »Klar, wie du willst.«) und ich fühlte mich vorübergehend erleichtert. Dann goss ich mir eine zweite Tasse Kaffee ein und starrte aus dem Fenster, wobei mir klar wurde, dass ich die eine Art von miesem Gefühl gegen eine andere Art eingetauscht hatte.

Also hörte ich damit auf. Allein und ungebunden zu sein, klang zwar nicht cool, war aber wenigstens ehrlich. Und eines der Dinge, die mir am Onlinedating am besten gefielen, war die Tatsache, dass ich es (im Gegensatz zu der verbreiteten Vorstellung) als ziemlich keusche Angelegenheit erlebte. Dass diese Männer aus dem Äther aufgegriffene Fremde (und nicht Freunde von Freunden) waren, bedeutete, dass alle Beteiligten sich darüber im Klaren waren, dass Sex in naher Zukunft nicht zur Debatte stand.

Ich bereue keine meiner Quasibeziehungen – sie entsprachen

meinem Entwicklungsstand zum damaligen Zeitpunkt und machten eine Weile Spaß. Ich weiß auch, dass viele Leute dieses Problem nicht haben, dass sie ein unverbindliches Abenteuer genießen können, ohne darüber nachzugrübeln. Das ist toll. Wenn Sie eine heiße Affäre mit ihrem sexy Latino-Lover haben, aber auch froh sind, dass er jede zweite Woche in Rio sein muss, lassen Sie sich von mir nicht davon abhalten.

Ich habe kein Problem mit dem aufregenden Leben. Ein Problem sehe ich dann, wenn man sich nicht erlaubt, eine ganz normale Frau mit einer anständigen Wohnung und einem ordentlichen Beruf zu sein. Wenn nur Mamas langweilig sein dürfen, weil ihr Leben so sinnerfüllt ist.

Als ich sorgfältig die Story meines aufregenden Lebens choreographierte, verhielt ich mich wie diese Helikopter-Eltern – Sie wissen schon, die sich nicht eingestehen können, dass ihr Sohn eine Niete in Mathe oder ihre Tochter nicht die tollste Geigerin der Welt ist. »Du bist was ganz Besonderes«, rufen sie ihren Kindern zu, in der Hoffnung, damit ihr Selbstvertrauen zu stärken. Aber die wahre Botschaft erzeugt Panik: Du *musst* etwas Besonderes sein. Normal ist nicht in Ordnung. Wenn ich auf einer Party aufkreuzte und das Glamour-Girl gab – die Frau mit den unverbindlichen Abenteuern und dem spektakulären Job –, tat ich im Grunde dasselbe.

Als ich auf diese Art von Performance-Kunst verzichtete, konnte ich mich entspannen und einfach die gute alte Sara sein – jene Sara, die seit fast einem Jahr keine Verabredung mehr gehabt hatte und deren Arbeitstag darin bestand, einen

Newsletter für eine Supermarktkette zu verfassen. Das musste nicht bedeuten, dass ich mich selbst niedermachte (Haha, ich bin ja ein solcher Versager.), sondern dass ich mich überhaupt nicht beurteilte. Dass ich mir erlaubte, in den Hintergrund zu treten, was interessanterweise zur Folge hatte, dass ich mich stärker und selbstbewusster als zu der Zeit fühlte, als ich noch eine Show abgezogen hatte.

Ich stellte auch fest, dass Freunde, Angehörige, Leute, die ich bei Hochzeiten kennenlernte, nie wirklich verlangten, dass ich ein spektakuläres Leben haben müsse. Das war einfach nur ein bequemes Skript, das den Zweck verfolgte, es allen einfacher zu machen.

Wir können nicht alle ein spannendes Leben führen und wir können nicht alle Mütter sein, aber wir können alle ein sinnerfülltes Leben führen. Das sieht natürlich bei jedem anders aus, aber eines ist sicher: Es erfordert weder, dass wir nackte Kleinkinder mit Badetüchern durch die Wohnung jagen, noch dass wir genug Geld für Designerschuhe haben.

16
Du bist zu traurig

Was es so schwierig macht, anderen zu sagen, dass man nicht ganz freiwillig Single ist, ist die Tatsache, dass es für viele Leute nur ein kleiner Schritt von »Single und nicht davon begeistert« zu »erbärmlich« ist. Es ist einfach leichter, allen zu sagen, wie zufrieden man mit seinem Kajak und seinem Hund ist. Schließlich genießt man diese Dinge ja auch wirklich sehr. Warum also auf dem Teil des Lebens herumreiten, der sich noch nicht so entwickelt hat, wie man es sich erhofft hat?

Wenn man Freunden und Angehörigen diese beruhigenden Details mitteilt, fragen sie manchmal: »Bist du glücklich?«

Das ist fast immer eine wohlmeinende Frage. Aber sie ist auch ziemlich herablassend. Man stelle sich vor, eine verheiratete Frau zu fragen, ob sie glücklich sei. Das wäre extrem unangemessen. Verheirateten wird ein Schleier der Privatsphäre zugestanden. Wir respektieren, dass die Ehe vielleicht manchmal schwierig, aber letztlich doch der Mühe wert ist. Bei Verheirateten geht man davon aus, dass sie glücklich sind, solange das Gegenteil nicht bewiesen wurde.

Dagegen wird die Frage der Zufriedenheit alleinstehender Frauen immer kontrovers diskutiert. In Zeitungen und Zeitschriften werden Singlefrauen über dreißig ständig gedrängt, Auskunft darüber zu geben, wie viel Erfüllung ihnen ihre Arbeit, ihre Freundschaften, ihre Nichten und Neffen bringen. Die Artikel werden von Fotos begleitet, die die betreffenden Frauen beim Fallschirmspringen oder zufrieden lächelnd beim Präsentieren ihrer selbst renovierten Maisonnettewohnung aus den Fünfzigerjahren zeigen. (Ich weiß, wovon ich rede; ich habe selbst den einen oder anderen Artikel dieser Art geschrieben.) Am Rande werden ganz fidel die Vorzüge des Singledaseins aufgezählt: Man muss die Fernbedienung mit niemandem teilen! Es gibt Müsli zum Frühstück! Juhu!

Wie gesagt, es ist sehr zu begrüßen, dass das Alleinleben inzwischen als eine wertvolle Lebensform gewürdigt wird, die oft dem Leben in einer Beziehung vorzuziehen ist. Das ist sicherlich ein Fortschritt gegenüber der Zeit, als von vornherein feststand, dass eine alleinstehende Frau unglücklich sein muss. Aber dennoch wird die Frage, ob alleinstehende Frauen glücklich sind, zur Debatte gestellt und mit vielen Pros und Kontras diskutiert.

Reporter werden hinausgeschickt, um jemanden zu finden, der die Gegenposition vertritt, und das ist sehr einfach. Ein Anruf bei einem konservativen Think-Tank genügt, und schon ist man mit einer Gesellschaftskritikerin verbunden, die sich in kurzen, prägnanten Sätzen über narzisstische Singlefrauen mit

Anspruchsdenken äußert, deren Unglück vorprogrammiert ist. Sie warnt ältere Singlefrauen vor den Männern, die »über ihren Chardonnay hinweg Frauen in den Zwanzigern anschauen« (um eine Aussage zu zitieren, die mich in meinen Dreißigern verfolgte – gut gemacht, konservative Gesellschaftskritikerin!).

Das Glück in der Ehe wird jedoch immer noch als gegeben vorausgesetzt. Aber wie Bella DePaulo aufzeigt, ist diese Annahme problematisch, da wissenschaftliche Studien, die »beweisen«, dass verheiratete Menschen glücklicher sind, nur die *derzeit* Verheirateten berücksichtigen, nicht aber die etwa vierzig Prozent, die sich scheiden lassen. »Das ist so, als ob man auf der Grundlage einer Studie, die die Hälfte der Probanden (nämlich die, die gar keine Wirkung spürten) außer Acht lässt, sagen würde, das neue Medikament Shamster sei sehr wirksam«, schreibt sie.

Das allgemeine Denken in Bezug auf die Früchte dieser Ehen, die Kinder, hat sich allerdings geändert. Als die ersten Studien auftauchten, die besagten, dass Menschen mit Kindern weniger glücklich als Kinderlose seien, reagierten Kinderlose mit klammheimlicher Freude und Eltern mit Empörung. Später nahmen Mütter und Väter mit Genugtuung nachfolgende Studien zur Kenntnis, die zu der Schlussfolgerung gelangten, dass Eltern die glücklichere Gruppe seien.

Daraus wurde ein Datenkrieg, in dem jede Seite ein bisschen zu stark protestierte. Aber braucht man denn eine Studie, die beweist, dass man wirklich glücklich ist? Warum konkurrieren wir überhaupt darum, der Glücklichste zu sein?

Und warum ist Glücklichsein eigentlich das einzige Kriterium für Erfolg? Warum gibt es nie Diskussionen und Titelgeschichten zu der Frage, wer mitfühlender ist? Oder klüger? Oder die angenehmere Gesellschaft bei einem Bier?

Menschen nach dem Grad ihrer Zufriedenheit zu beurteilen, ist besser, als sie beispielsweise danach zu beurteilen, ob sie ein Motorboot besitzen. Aber dieses ganze Konkurrieren um Glück hat etwas ziemlich Trauriges.

Denn worauf wir wirklich aus sind, ist eine Bestätigung dafür, dass es anderen Frauen weniger gut geht. Als ich noch Single war, fiel mir auf, dass bei jedem Treffen mit drei oder mehr unverheirateten Freundinnen früher oder später jemand anfing, vom Unglück verheirateter Freundinnen zu sprechen. Das war immer ein beliebtes Thema. Wenn eine einwarf, dass ihre verheirateten Freundinnen eigentlich ganz zufrieden seien, verstummte das Tischgespräch.

Bist du glücklich? Wenn wir ehrlich sind, lautet die Antwort bei den meisten von uns: »Klar – manchmal. Und manchmal bin ich traurig. Weitere Gefühle, die ich habe, sind Zorn, Zufriedenheit, Nervosität und Aufregung.«

Nach der buddhistischen Auffassung hat das seine Richtigkeit. Wenn man versuchen würde, ein Gefühl völlig auszumerzen und durch ein anderes zu ersetzen, würde man sich selbst das Leben verweigern. Es wäre, als ob man sagen würde: Ich will nur Süßes schmecken, niemals Salziges. Ich möchte nur die Farbe Blau sehen, niemals Orange.

»Eine viel interessantere, freundlichere, abenteuerlichere und freudvollere Haltung gegenüber dem Leben besteht darin, unsere Neugier zu entwickeln, ohne darauf zu achten, ob das Objekt unserer Wissbegierde bitter oder süß ist«, schreibt Pema Chödrön in *Die Weisheit der Ausweglosigkeit.*

Während eines Großteils meiner Singlejahre schlief ich zum Klang der Stimme von Pema ein. Ihre Hörbücher erinnerten mich jede Nacht sanft daran, dass ich bei diesem Projekt der perfekt selbstverwirklichten Singlefrau nicht mitmachen musste. Sie erinnerten mich immer wieder daran, dass Sehnsucht nicht dasselbe wie Verzweiflung und Einsamkeit kein Versagen ist. Und dass ich ironischerweise umso mehr inneren Frieden und Zufriedenheit fand, je weniger ich versuchte, meine innere Erfahrung zu manipulieren.

Wenn man sich manchmal traurig fühlt, dann nicht, weil man Single ist, sondern weil man lebendig ist.

17
Du bist die Konstante

Caitlin vertraute ihrem Freund Dan ihre Frustration wegen der Männer an. Es schien ein Muster zu geben, wonach sie einen Mann kennenlernte, der ihr gefiel, eine Zeitlang mit ihm ausging und ihn dann wieder aus den Augen verlor. Sie rechnete damit, dass er kopfschüttelnd sagen würde: »*Das ist doch verrückt. Warum würde jemand* dich *abservieren? Du bist doch eine so tolle Frau!*«. Denn das sagen Leute zu ihren Freunden, und Caitlins Freunde hatten es ihr bis dahin auch immer gesagt. Aber dieses Mal schaute Dan sie ernst an und meinte: »Nun, die Konstante bei all diesen Geschichten bist du. Meinst du nicht, dass vielleicht du das Problem bist?«

»Er sagte es nicht böse«, erzählte Caitlin. »Aber ich weiß noch, dass ich dachte *Oh mein Gott, das Blatt wendet sich*. In der Jugend heißt es *Er ist ein Arschloch*. Plötzlich wurde mir klar: *Jetzt bin ich die Gebrandmarkte*.«

Caitlin hatte nicht das Gefühl, dass irgendetwas mit ihr nicht stimmte, zumindest noch nicht. »Ich hatte nicht das Gefühl, dass ich jemand anders sein musste, aber dass die Leute anfangen würden, mich so wahrzunehmen: Wenn es nicht klappte, wäre ich die Konstante. Nach einer Weile empfand ich es natürlich genauso.«

Du bist der gemeinsame Nenner bei all deinen gescheiterten oder gar nicht erst begonnenen Beziehungen. Das ist eine weitere Form der zirkulären Logik, die routinemäßig als »liebevolle Strenge« ausgeteilt wird.

Die Logik ist ganz einfach: Offensichtlich ist es jedem, der gern in einer langfristigen Beziehung wäre, aber es nicht ist, noch nicht gelungen, den Partner fürs Leben zu finden. Aber wer in einer Beziehung *ist*, hat ihn auch nicht notwendigerweise gefunden. Die Großeltern, die ihren 75. Hochzeitstag feiern, können damit prahlen, bei allen anderen ist die Frage noch offen.

Trotzdem kann es natürlich zeitweise den Anschein haben, dass manche sich damit leichtertun als andere.

Also bleibt man auf der Tatsache sitzen, dass man *die Konstante* ist. Und man versucht herauszufinden, was es genau ist, womit man *jedes einzelne Mal* entweder die Männer vergrault oder bei sich selbst den Wunsch weckt abzutauchen. Strahlt man eine Art Bedürftigkeit aus, die jede Begeisterung abtötet? Oder ist man einfach nicht zu echter Intimität imstande?

Man brütet über dem Beweismaterial wie ein besessener Polizist, der nicht aufgibt, bevor der Schuldige gefunden ist (trotz der Anweisungen seines pragmatischen, Kaffee schlürfenden Chefs, die Sache auf sich beruhen zu lassen). Man starrt die mit Zeitungsausschnitten, handschriftlichen Notizen und Grundschulbildern tapezierten Wände an, verteilt nachdenklich Stecknadeln und verbindet sie mit farbigem Garn. Man geht der Sache auf den Grund. Man verbindet die Punkte zu Linien!

Und dann – aha! Nach etwa drei Monaten bekommt man es immer mit der Angst zu tun. Die Männer, mit denen man ausgeht, stehen ihrer Mutter ein bisschen zu nah – der letzte rief sie *jeden* Sonntag an. Man sucht sich immer Männer mit wirklich fordernden Jobs aus. Na ja, abgesehen von dem nicht ganz ausgelasteten Fahrradkurier/Standup-Comedian oder dem arbeitslosen Puppenspieler. Aber Ausnahmen bestätigen die Regel!

Langsam fängt man an, all diese Momentaufnahmen zusammenzufügen und eine Geschichte dazu zu erfinden. Je nach Stimmung kann die Geschichte gut oder schlecht sein. Da gibt es die Geschichte, die davon erzählt, wie mutig und unabhängig man ist, wie man sich – anders als diese Weicheier, die man aufzählen könnte – weigert, Abstriche zu machen. Aber in Wahrheit will man ja jemanden finden und hasst es, allein zu sein. Und so wird daraus die Geschichte, die erzählt, warum man auf potenzielle Partner abstoßend wirkt. Selbst wenn man bei sich keiner der oben aufgeführten Pathologien diagnostiziert, ist es die Geschichte von etwas, das *fehlt*. Andere Menschen müssen *dieses besondere Etwas* haben, ein geheimes Talent, eine Art Hundepfeife, die bewirkt, dass eine beachtliche Zahl der in Frage kommenden Männer die Ohren spitzt und ihrem Sirenengesang lauscht. *Oh, eine potenzielle Partnerin.*

Vielleicht schafft man es auch regelmäßig bis zum gemeinsamen Sofakauf. Das Problem ist nur, dass ab einem bestimmten Punkt die Zuordnung des besagten Sofas zu einem Eigentümer strittig wird. Man hat ernste Beziehungen, sie enden nur *immer* irgendwann. In diesem Fall darf man sich mit der Tatsache trösten, dass man es bis zur gemeinsamen Mitgliedschaft im Fitnessclub schafft. Man hat Partner über die Weihnachtsfeiertage mit nach Hause gebracht und mit ihnen Urlaubsreisen in ferne Länder unternommen. Man hat Erfahrung. Man lernt dazu. Andererseits vermasselt man es immer, nicht wahr? Woran liegt das?

Da sind wir wieder bei der Geschichte – von der Frau, die die falschen Männer auswählt oder aussteigt, wenn es schwierig wird, oder den Mumm hat zu gehen, während andere sich durch leere Beziehungen schleppen.

Ob man sich die Rolle der Heldin oder der Antiheldin zuweist – es ist verführerisch, diesen persönlichen Mythos zu erschaffen. Denn die Geschichte könnte eine Erklärung liefern. Warum passiert das? Warum passiert es immer wieder?

Das Problem bei Geschichten: Sie sind erfunden. Sie stellen komplexe Mutmaßungen darüber dar, warum er gesagt hat: »Bei mir funkt es einfach nicht.« Mit der Geschichte füllt man die Lücke aus: Es hat nicht gefunkt, weil man zu distanziert war. Und man war zu distanziert, weil Papa nie zu Hause war.

Die Geschichte muss nicht falsch sein. Was weiß ich, vielleicht haben *Sie* wirklich Angst vor einer festen Beziehung. Aber mir ist aufgefallen, dass bei meinen eigenen Lügengeschichten –

objektiv betrachtet – der Anteil der fantasievollen Spekulationen gegenüber den nüchternen Fakten ziemlich hoch war.

Wenn ich auf die Spekulationen verzichtete, blieb mir nur die Gewissheit, dass der Mann, der am vorherigen Wochenende mit mir auf dem Sofa herumgeknutscht hatte, nicht noch einmal mit mir herumknutschen wollte.

Und diese Tatsache, so unangenehm sie auch sein mochte, sagte wirklich nichts Definitives über mich aus. Es war lediglich eine Aussage über bestimmte Gegebenheiten, und obwohl sie schmerzhafter war als beispielsweise die Aussage »Letzte Nacht hat es geschneit«, war sie nicht komplizierter.

Das andere Problem bei der Geschichte von »der Frau, die die falschen Männer anlockt« oder »dem Mann, der tief im Innern keine Beziehung will« besteht darin, dass wir dazu neigen, diese Geschichten mit unseren Freunden zu teilen, die ebenso geneigt sind, sich auf eine Erklärung zu stürzen – weil sie uns mögen und weil sie schon genug von diesem Thema haben. Und so kommt ein weiterer unzuverlässiger Erzähler hinzu, der unser Leben durch das trübe Glas seiner eigenen Erfahrung analysiert. (Erwarten Sie nicht, dass die Freundin, die bei ihrer eigenen Ehe »Abstriche gemacht« hat, von ihrer Diagnose »zu wählerisch« abrücken wird.)

Als ich mich mit meiner Freundin in Oregon (Sie wissen schon, die mit dem Bungalow am See und dem netten Musiker-Freund) kabbelte, war ich unerträglich und wiederholte auf verschiedene Arten immer wieder dasselbe Mantra: *Es ist nicht fair, es ist nicht fair, es ist nicht fair.*

Erst auf dem Nachtflug zurück nach New York – nachdem ich drei Stunden lang, auf dem mittleren Sitz eingeklemmt, den hochgeklappten Tisch angestarrt hatte –, dämmerte es mir: *Oh ja, es ist unfair.*

Dann hatte ich also Pech gehabt – na und? Warum musste ich meine Freunde damit belästigen? Mir wurde klar, dass ich mich verzweifelt nach ihrer Bestätigung sehnte. Ich wollte, dass jemand den nagenden Zweifel (»Ich bin die Konstante.«) beiseiteschob und sagte: »Unsinn. Das Leben ist dem Zufall unterworfen. Du musst nichts anders machen, du musst nichts anderes sein. Du brauchst einfach nur ein bisschen Glück.«

Während ich zusah, wie die Sonne im ovalen Fenster aufging, begriff ich, dass niemand das zu mir sagen würde. Aber das war zum ersten Mal okay. Denn jetzt glaubte ich endlich selbst daran.

Die Buddhisten sagen: »Wenn du zwei Zeugen hast, halte dich an den Kronzeugen«. Das bedeutet: Du bist der Einzige, der deine Erfahrung kennt. So unvollkommen unsere eigenen Analysen auch sein mögen, so getrübt durch Urteile, Sorgen und Fantasien – es sind trotzdem die besten, die wir haben.

Es ist großartig, nahestehende Menschen zu haben, die uns Ratschläge, Feedback, Schokoladenkekse und Alkohol geben. Aber wir können nicht von ihnen erwarten, dass sie uns sagen, wer wir sind. Das wäre ihnen gegenüber nicht fair und würde bedeuten, dass wir unsere eigene natürliche Intelligenz erheblich unterschätzen.

Wir sind die Einzigen, die es wissen. Wir sind die Konstante.

18
Du musst es einfach immer wieder versuchen

Somit erklärte ich mein Selbstoptimierungsprojekt für abgeschlossen. Ich war 36 Jahre alt. Vielleicht würde ich jemanden finden, vielleicht auch nicht. Aber wer immer er auch war – er würde mich so nehmen müssen, wie ich war.

Wenn mein Leben ein Film wäre, wäre das die Stelle gewesen, an der ich meiner wahren Liebe begegnet wäre – oder mich plötzlich unwiderstehlich zu dem schüchternen Computer-Nerd in der Wohnung unter mir hingezogen gefühlt hätte, der also die ganze Zeit schon dagewesen wäre.

Stattdessen ging mein Leben mehr oder weniger so weiter wie zuvor. Ich arbeitete, verbrachte Zeit mit Freunden, hatte gelegentlich eine Verabredung. Und trotz meiner großartigen transkontinentalen Erleuchtung erlebte ich immer noch viele, viele Augenblicke des Selbstzweifels.

Die Grundstruktur meines Lebens blieb unverändert, aber etwas hatte sich verschoben: Ich hatte beschlossen, meinen Singlestatus nicht mehr persönlich zu nehmen. Ich verwendete viel weniger Zeit darauf, mir über das Sorgen zu machen, was mein Leben *nicht* war, und freute mich viel öfter über das, was es war.

Aber dennoch blieb eine unbequeme Frage: Wenn das Eingehen einer Liebesbeziehung weitgehend Glückssache ist, wie geht man dann mit dieser vollkommen ungewissen Zukunft um?

An einem stürmischen Herbstabend saß ich mit einer verheirateten Freundin bei einem Drink und erwähnte, wie seltsam es sei, ein Leben zu führen, das sich oft wie das einer Mittzwanzigerin anfühlte (versuchen Männer kennenzulernen, Weihnachten bei den Eltern verbringen), während die meisten meiner Altersgenossen ihr jüngstes Kind auf die zweite Klasse vorbereiteten. »Ich versuche herauszufinden, wie man sich als alleinstehender Mensch in diesem Alter positioniert. Wie gehe ich – in dem Wissen, dass ich vielleicht immer allein bleiben werde – mit meinem Leben um?«

Meine Freundin dachte einen Augenblick nach. »Bleib in Bewegung«, sagte sie dann.

Ich wusste, was sie meinte. Wenn ich mit meinem Leben nicht zufrieden war, dann musste ich Neues ausprobieren, neue Menschen kennenlernen. Das war der Ratschlag, den ich mir selbst schon seit Jahren gegeben hatte.

Aber jetzt fühlte es sich falsch an. »Bleib in Bewegung« klang zu sehr nach Weglaufen, so, als ob ich von einer zahnlosen Meerhexe, meinem zukünftigen Ich, verfolgt würde. *Halt dir die alte Vogelscheuche mit ihren Künstlerkolonien und Schokoladenverkostungskursen und glamourösen journalistischen Aufträgen vom Leib. Sitz nicht still, denn der Ort, an dem du dich befindest, ist inakzeptabel.*

Nein, das klang nicht richtig. Okay, okay, ich würde auch weiterhin – tiefer Seufzer – *da rausgehen*, in der Hoffnung, dadurch die Wahrscheinlichkeit zu erhöhen, dass ich irgendwann jemanden kennenlernen würde.

Das Problem war die Absicht dahinter, die zugrunde liegende Panik. Ich musste eine Möglichkeit finden, in meinem Singledasein zur Ruhe zu kommen, ohne die Hoffnung auf eine Liebesbeziehung aufzugeben.

Denn in Wahrheit verbesserte vieles von dem, was ich zur Selbstoptimierung tat, tatsächlich mein Leben. Früher war ich ein ziemlicher Tollpatsch, aber nach zehn Jahren Yoga konnte ich auf Glatteis ausrutschen, dann in der Luft eine Drehung machen und aufrecht landen. Früher war ich imstande, ganze U-Bahn-Fahrten mit dem geistigen Wiederkäuen eines alten Unrechts zuzubringen. Die Meditation hingegen versetzte mich in die Lage, meine gedanklichen Tiraden abzukürzen und etwas Produktiveres zu tun, beispielsweise Anzeigen für Peelings auf Spanisch zu lesen. Früher hatte ich schreckliche Angst vor öffentlichen Auftritten. Nach zwei Jahren Schauspielunterricht stand ich auf einer Bühne im East Village und berichtete einer Gruppe fremder Leute von dem Sexualerziehungskurs für Mütter und Töchter, den ich mit zehn Jahren besucht hatte.

Als ich noch Single war, war die ganze Zeit Silvester. Ich

tyrannisierte mich ständig mit Vorsätzen – »Einmal im Monat eine Dinnerparty veranstalten!« – »Zweimal die Woche einem neuen Mann bei Match.com schreiben!«. Aber das bedeutete auch, dass ich ständig meine Welt erweiterte.

Kurzum, ich tat viele coole Dinge. Ich wuchs in einer Weise über mich selbst hinaus, wie ich es nie getan hätte, wenn ich mit dreißig schon verheiratet gewesen wäre. Das Problem war, dass ich diese Erfahrungen mit einer Bedingung verknüpfte. Unter der Oberfläche war immer eine nörgelnde Stimme, die fragte: »Warum funktioniert das nicht?«

Ich betrachtete diese Erfahrungen als Zwischenstationen auf dem Weg zu einem einzigen Ziel. Sie wurden Teil einer kosmischen Checkliste:

- Erfüllendes Berufsleben
- Soziales Engagement
- Abenteuer
- Finanzielle Sicherheit
- Freundschaften
- Emotionale Ausgeglichenheit
- Körperliche Fitness

Irgendwie glaubte ich, dass ich mich durch das Erreichen dieser Ziele eines Tages zu einer liebesfähigen Frau entwickeln würde. Als ob es einen himmlischen Punktrichter gebe, eine Art Beziehungs-Obi-Wan-Kenobi, der eines Tages weise nicken und sagen würde: »Ja, mein Kind. Du bist bereit.«

Als das nicht passierte, wurde ich frustriert und verbittert – und extrem neidisch, wenn andere die große Liebe fanden.

»Das ist toll!«, sagte ich mit schiefem Lächeln, wenn sie die Serie verrückter Zufälle aufzählten, die sie zu ihrem Partner fürs Leben geführt hatten. Ich fühlte mich, als ob ich wie wild für eine Prüfung büffelte und mit ansehen müsste, wie andere sie mit links bestanden, ohne auch nur ein Buch aufgeschlagen zu haben. Und leider ließ ich zu, dass diese zielorientierte Sichtweise das echte Glück, das ich fand, wie Luft aus einem löchrigen Ballon ausströmen ließ.

Aber irgendwann lernte ich, das winzige Loch zu stopfen – oder zumindest auf das pfeifende Geräusch zu achten, bevor die Luft völlig raus war.

Beispielsweise saß ich einmal mit einer Freundin in einem Park am Fluss. Wir tranken Eiskaffee und beobachteten die Touristen. Sie erwähnte, dass eine Frau, die ich kaum kannte, im Begriff sei zu heiraten. Sofort verschlechterte sich meine Stimmung. Ich empfand dieses vertraute Selbstmitleid – *warum ist es immer jemand anders?* Aber dieses Mal war es anders – dieses Mal sah ich meine Reaktion von außen, als ob ich einen Film anschauen würde. Sie hatte einen Nerv getroffen. Ich hatte einen Reflex – wie der, den der Arzt auslöst, indem er mit einem Hämmerchen auf unser Knie schlägt. Ich sah es, ohne darüber zu urteilen, und kriegte schnell die Kurve. Eine entfernte Bekannte heiratete. Na toll. Wir kehrten zu unserem schönen Tag zurück.

Es geht nicht darum aufzugeben. Es geht darum, eine positivere Haltung einzunehmen. Bereichern Sie auf jeden Fall ihr Leben und unternehmen Sie viele interessante Dinge. Lernen Sie Chinesisch, werden Sie Bildungspatin, reisen Sie allein durch Peru. Aber tun Sie diese Dinge um Ihrer selbst willen, nicht, um Ihren Lebenslauf aufzumotzen oder um sich selbst oder Ihren Mitmenschen zu beweisen, dass Sie ein wertvoller Mensch sind. Sie sind jetzt schon ein wertvoller Mensch. Es gibt nichts zu beweisen.

19
Du bist zu sehr darauf fixiert

Vor einigen Jahren fand eine Freundin beim Umzug einen Karton mit alten Tagebüchern, die in der Mittelstufe anfingen. Als sie sie las, bemerkte sie ein wiederkehrendes Thema: »Werde ich je jemanden finden?«. Es gab nur einen Zeitraum, wo sie dieses Thema nicht aufgriff – in den vier Jahren in ihren Zwanzigern, in denen sie eine sehr glückliche Beziehung führte, die allerdings tragisch endete, als ihr Freund bei einem Autounfall ums Leben kam.

Während ihrer Beziehung hatte sie in ihren Tagebüchern viel mehr Gedanken zu Philosophie, Politik, Kunst und Theater festgehalten. Als sie mir das erzählte, wusste ich, dass ich eine ähnliche Feststellung gemacht hätte, wenn ich so gewissenhaft über meine Grübeleien Buch geführt hätte. Nicht, dass die Frage, ob ich je jemanden finden würde, mein *einziger* Gedanke gewesen wäre. Sicher dachte ich auch über den neuesten Roman von Richard Ford und die Reform der Wahlkampffinanzierung nach. Ich las 800 Wörter umfassende Berichte über den Enron-Skandal und diskutierte bei Cocktails mit meinen Freundinnen über die Senatsvorwahlen.

Aber irgendwo im Hinterkopf wälzte ich immer das Thema meines Singlestatus, wodurch wertvolle geistige Energie aufgezehrt wurde.

In Kapitel 17 habe ich geschrieben, dass man die »Geschichte« aufgeben müsse, um inneren Frieden zu finden, aber das ist natürlich schwierig, wenn immer wieder Gedanken wie »Warum bin ich noch allein?« oder »Warum hat er mich nicht gemocht?« auftauchen.

»Du musst dich davon lösen«, sagen Freunde und Angehörige. »Du darfst dir nicht selber im Weg stehen.« Diese Kommentare können einem ganz vernünftig vorkommen, da man sich ja wirklich viele zermürbende Gedanken macht. Aber der Rat »Du bist zu sehr darauf fixiert« basiert auf der falschen Annahme, dass die endlos um dasselbe Thema kreisenden Gedanken die *Ursache* des Problems statt eines Symptoms seien. Dass man nur aufhören müsste, sich mit dem Thema zu beschäftigen, um plötzlich im Supermarkt diese schicksalhafte Begegnung mit einem schüchternen Vegetarier zu haben, mit dem man sich dann scherzhaft um den letzten Laib Sauerteigbrot streitet.

Außerdem liegt diesem Rat die Annahme zugrunde, dass Menschen, die ihren Lebenspartner gefunden haben, nicht mehr von sinnlosen Gedanken verfolgt werden. Ich kann Ihnen versichern, dass das nicht zutrifft.

Allerdings musste ich feststellen, dass die Gedankenmarathons zum Thema »Warum bin ich Single?« besonders hartnäckig waren. Insbesondere, weil wir so oft dazu aufgefordert werden, dieses Rätsel zu lösen – in unseren Tagebüchern darüber zu schreiben oder Arbeitsbuchfragen zu den Fehlern, die wir in früheren Beziehungen gemacht haben, und zu dem Gefühlsballast, den wir möglicherweise in zukünftige Beziehungen mitnehmen, zu beantworten.

Die meisten von uns zweifeln nicht am Sinn der schriftlichen Bearbeitung dieser Themen, aber eine jüngere Studie stellt dies in Frage.

Bei einem Experiment an der University of Arizona versuchten der Psychologe David Sbarra und seine Kollegen herauszufinden, wie eine bestimmte Art der Tagebuchführung Menschen helfen könne, emotional belastende Erfahrungen – in diesem Fall Scheidung – zu verarbeiten. Sie rekrutierten neunzig Teilnehmer, die kurz vorher eine Scheidung oder Trennung erlebt hatten, und teilten sie in drei Gruppen ein. Die erste Gruppe wurde aufgefordert, ihre tiefsten Gefühle bezüglich der Trennung schriftlich festzuhalten. Die zweite wurde angewiesen, der Geschichte ihrer Scheidung eine Struktur mit Anfang, Mitte und Ende zu geben. Eine Kontrollgruppe führte einfach ein Protokoll über ihre täglichen Aktivitäten, ohne emotionale Inhalte.

Die Wissenschaftler waren von den Ergebnissen überrascht:

Der Kontrollgruppe ging es am besten. Besonders für die als »Intensiv-Wiederkäuer« eingestuften Teilnehmer erwies es sich als vorteilhaft, *keine* emotionale Prosa über die Bedeutung der ganzen Sache zu verfassen, sondern einfach nur Alltagsfakten zu protokollieren, beispielsweise, was sie zum Frühstück hatten oder wann sie die Regenrinne gereinigt hatten.

Rückblickend meinte Sbarra, es sei nachvollziehbar, dass diejenigen, die ohnehin schon zum Grübeln neigten, von einer Übung, bei der sie aufgefordert wurden, sich noch eingehender mit einem Problem zu befassen, nicht profitieren würden. »Wenn jemand in Gedanken ständig dasselbe Thema wälzt und dann aufgefordert wird, seine tiefsten, dunkelsten Gedanken aufzuschreiben und die Sache noch einmal durchzugehen, belastet ihn das noch mehr«, erklärte er.

Als jemand, der selbst zu endlosen Grübeleien über dasselbe Thema neigt, finde ich Meditation hilfreich, weil sie im Wesentlichen eine Art »Antiwiederkäu-Übung« darstellt. Anfänger wehren sich oft dagegen, dass das Loslassen der Gedanken eine gute Idee sei. Schließlich können Gedanken zu Musik, Lyrik und Friedensverträgen führen.

Es stimmt – manchmal haben wir geniale Geistesblitze. Aber als ich anfing, eine Bestandsaufnahme zu machen, merkte ich schnell, dass ein Großteil meiner geistigen Aktivitäten entweder völlig profan ist (»Was esse ich heute Mittag?«) oder Gedanken beinhaltet, die ich vorher schon – viele Male – hatte. Der buddhistische Lehrer Ethan Nichtern formuliert es so: »Ich spreche mit mir selbst, aber ich weiß schon, was ich sagen werde.«

Im Film hat der Held eine großartige Erleuchtung – »Ich muss mich nicht verändern! Ich bin liebenswert, so wie ich bin!« –, und das ist dann das Ende. Aber im echten Leben erleidet man Rückschläge – wieder und wieder. Man erlebt diesen großartigen Augenblick, in dem man seinen unerschütterlichen inneren Wert spürt, und dann entgleitet er einem wieder. Die toxischen Gedanken kehren zurück. »Warum bin ich immer noch allein? Warum hat er mich verlassen? Warum muss ich schon wieder zu einer verdammten Babyparty gehen?«

Es ist, als ob man Kartoffelchips der Geschmacksrichtung »Zwiebeln und saure Sahne« essen würde (hier können Sie auch einen anderen objektiv widerlichen, aber eigentlich leckeren Snack einfügen). Man weiß, dass sie furchtbar schlecht für einen sind und absolut keinen Nährwert haben – nichts als Salz und Fett und irgendeine besorgniserregende Chemikalie, aus der die »saure Sahne« besteht. Und trotzdem denkt man: »Ach, nur noch einen.«

Die Gedanken, die bei uns in der Endlosschleife laufen, sind das Ergebnis dessen, was der Psychologe Mihaly Csikszentmihalyi psychische Entropie nennt. »Unser Geist hat eine natürliche Neigung, sich auf die Dinge zuzubewegen, die uns am meisten belasten«, erklärte er mir vor vielen Jahren in einem Interview. In einem Augenblick der Muße denken wir meistens nicht: »Was für ein Glückspilz ich doch bin, in der Mittelschicht in einer der reichsten Nationen der Welt aufgewachsen zu sein« oder »Was für ein Glück, dass ich keine schwere, zur Invalidität führende Krankheit habe«. Stattdessen denken wir: »Ich nehme zu« oder »Ich komme beruflich nicht voran«.

Dafür gibt es einen evolutionsbedingten Grund: Die kluge Höhlenfrau dachte nicht viel über das Gute in ihrem Leben nach. Sie musste auf der Hut sein vor scharfzähnigen Tieren, die den Wunsch verspüren konnten, sie oder ihre Kinder zu verspeisen. Diese Art von Wachsamkeit brauchen wir zwar nicht, wenn wir auf dem Weg zur Hochzeitsfeier eines Studienfreundes sind, aber die biologische Programmierung hat sich leider kaum verändert.

Ein weiterer Grund dafür, dass wir über diese Dinge sinnieren, besteht darin, dass es uns eine spürbare kurzfristige Erleichterung verschafft. Pema Chödrön vergleicht es damit, einen durch Giftsumach verursachten Ausschlag zu kratzen. »Es lindert vorübergehend den Juckreiz, führt aber gleichzeitig dazu, dass sich das Gift ausbreitet«, erklärt sie.

Es ist hilfreich, die nutzlosen Gedanken als die Energie zehrenden Kobolde zu sehen, die sie tatsächlich sind. Sie sind der Kollege, der auf einen einquasselt, während man sich zu konzentrieren versucht. Sie sind das Gedudel aus dem Radio eines anderen Badegastes am Strand. Sie haben weder Bedeutung noch Inhalt, sondern sind einfach störend.

Die Meditation hat mir geholfen, die Fähigkeit zur Wahrnehmung – und damit zur Entwaffnung – dieses Gedankenmülls zu entwickeln. Die grundlegende Übung ist gleichzeitig extrem einfach und extrem schwierig. Man sitzt minuten-, stunden- oder gar tagelang auf einem Kissen und versucht, seine Gedanken vollständig in der Gegenwart zu halten – beim ein- und ausströmenden Atem, bei dem Lichtdreieck auf dem Parkettboden, bei dem aus der Küche hereindringenden Essensduft (Lasagne!).

Und an diesem bescheidenen Ziel scheitert man immer wieder. Aber das ist eigentlich kein Scheitern. Tatsächlich passiert Folgendes: Man stellt fest, dass man die letzten fünf Minuten darüber debattiert hat, ob es falsch ist, die Option »Nur Vegetarier« auch dann zu wählen, wenn man kein hundertprozentiger Vegetarier ist. Darüber, dass sie nicht so streng sein sollten, weil einige von uns sich sehr bemühen, ihren Fleischkonsum einzuschränken, auch wenn wir nicht perfekt sind. An irgendeinem Punkt wird es einem bewusst – »Oh, Gedanken«. Und dann schiebt man ganz vorsichtig all die brillanten Argumente beiseite und konzentriert sich wieder auf das Muschelgeräusch des eigenen Atems. Ein paar Minuten später entgleitet einem wieder die Kontrolle. »Warum trägt dieser Typ im Meditationsraum ein Hawaiihemd? Ist ihm nicht klar, dass ich das ganze Wochenende lang auf dieses Hula-Mädchen starren werde? Es sollte wirklich eine Regel geben...« Ach, Gedanken.

Die tägliche Übung zum Wahrnehmen dieser Mikrotiraden hat bewirkt, dass ich es schneller merke, wenn mein Geist von den hartnäckigeren Themen mit Beschlag belegt wird, wie beispielsweise der Erinnerung daran, wie eine kaltschnäuzige Bekannte einmal zu mir sagte: »Also, ich möchte nicht für viel Geld noch einmal Single sein.« Ich kann innehalten, dreimal tief durchatmen und mir ins Gedächtnis rufen, wo ich gerade bin: Ich sitze an einem regnerischen Morgen an meinem Schreibtisch. Ich sehe, dass niemand mich angreift oder verurteilt. Deshalb muss ich mich gegen nichts wehren. Meine alte Strategie: Ins Leere starren und dabei denken: »Na klar, als ob irgendjemand Wert darauf legen würde, *dich* wieder im Dating-Pool zu haben…«

Die Meditation hilft mir, den Nebel dieser diskursiven Gedanken zu durchschneiden und diese schöne Lichtung namens Vernunft zu finden. Wenn meine Gedanken in einer Art kindlichem Trotzanfall davoneilen, versetzt sie mich in die Lage, das zu bemerken, sodass die kluge, gütige Mutter in mir sagen kann: »Hey, hey, was machst du denn da?«

Und noch einmal: Es geht nicht um Selbstoptimierung oder auch nur um das Singledasein. Es geht darum, den klugen, vernünftigen Anteil der eigenen Person auszugraben, der schon existiert.

Normalerweise identifizieren wir uns mit dem Chipsesser, dem Ausschlagkratzer, aber ebenso gut können wir uns mit dem klügeren Anteil identifizieren. Jenem Anteil, der weiß, wann er zu den Karotten greifen sollte und dass dieser Typ so toll nun auch wieder nicht ist. Dadurch wird der Gedankenmüll nicht für immer verbannt, aber ich habe festgestellt, dass man mit einiger Übung verhindern kann, dass er so viel Macht über einen hat.

20
Du hättest diesen Typen heiraten sollen

Als Julia an einem nicht besonders fröhlichen Weihnachtsmorgen mit ihrer Mutter und ihrer Schwester die Küche aufräumte, meinten diese, dass sie mit ihr reden müssten. Während Julias Nichten und Neffen nebenan spielten, erklärten Mama und Schwesterherz ihr, dass sie sich ihretwegen *Sorgen* machten, weil sie sich von Joe getrennt habe (den alle für extrem nett hielten) und weil sie 38 sei. Vielleicht erwartete sie zu viel von Beziehungen?

Wütend und gekränkt verteidigte sich Julia, während sie die Spülmaschine einräumte. Sie war zwei Jahre lang mit Joe zusammengeblieben, weil sie *wollte*, dass es funktionierte. Sie *wollte* heiraten und Kinder bekommen. Sie *wollte* mit den Verabredungen aufhören und damit, an Weihnachten die altjüngferliche Tante zu sein.

Und sie wollte sexuelles Begehren für Joe empfinden, aber das konnte sie nicht. Und nach zwei Jahren konnte sie nicht mehr so tun, als ob es nichts ausmache. »Er war ein so unglaublich netter Mensch – so großzügig, so hilfsbereit, und er wollte heiraten. Aber es fühlte sich einfach nicht richtig für mich an. Es fühlte sich an, als ob ich mich zu Gefühlen zwänge. Ich weiß noch, dass ich das Gefühl hatte, nicht ich selbst zu sein, nicht vollkommen ehrlich zu sein. Ich wusste, dass ich mit einem tollen Mann ausging – einem großartigen Onkel und Bruder. Also fragte ich mich: Was ist los mit mir? Warum will ich diesen Mann nicht heiraten?«

Julia wusste es nicht. Sie wusste nur, dass die ach so vernünftigen Einwände ihrer Familie sinnlos waren. Sie konnte und wollte keine Abstriche machen.

Er ist ein netter Mann. Wir mögen ihn. Er liebt dich. Woran zum Teufel liegt's denn?

Die 38-Jährige, die sich von einem solchen Mann trennt, ist ihren Angehörigen kein Rätsel mehr (falls sie es je war) – sie hat mit ihrer Arroganz und ihrem Eigensinn ihr Schicksal besiegelt. *Hoffentlich halten dich deine hohen Maßstäbe heute Nacht warm!*

Aber man muss nicht notwendigerweise in einem so hohen Alter eine Beziehung beendet haben, um sich zu fragen, ob man mit der Entscheidung, *mit anderen Leuten auszugehen*, vor fünf oder zehn oder zwanzig Jahren schon sein Schicksal besiegelt hat. Eine Freundin sagte mir vor Kurzem, sie glaube, schlechtes Karma zu haben, weil sie sich damals von dem Collegefreund getrennt habe, der sie so angebetet hatte. »Es ist, als ob ich noch nicht dafür bereit gewesen sei, für all diese Liebe«, sagte sie.

Diese Erinnerungen an Verflossene aus früheren Zeiten können sogar noch heimtückischer sein als Trennungen aus der jüngeren Vergangenheit, da man bei Letzteren immerhin noch all die schweigsamen Abendessen oder kleinlichen Streitereien im Gedächtnis hat.

Aber der Typ von der Uni oder aus den frühen Zwanzigern? Der uns daheim abgeholt und für uns Geburtstagsfeten organisiert hat und laut darüber nachgedacht hat, wie unsere gemeinsamen Kinder wohl aussehen würden?

Er hätte uns auf der Stelle geheiratet, wäre in den Flieger nach Las Vegas gehüpft, ohne mit der Wimper zu zucken. Aber wir, töricht wie wir waren, waren noch nicht bereit, uns auf die Ehe einzulassen. Wir haben ihn für einen rehäugigen Musiker aufgegeben, der sensibel in Bezug auf alles außer auf unsere Gefühle war. Jetzt ist unser Ex mit einer klügeren Frau verheiratet, und laut Facebook erfreuen sie sich eines wunderbaren spießbürgerlichen Lebens. Wir haben ihre Ausflüge nach Disneyland, die süßen Einschulungsbilder ihrer Kinder und die großen Schüsseln voller Shrimpssalat gesehen, die an Silvester auf die Gäste warteten. Wenn wir nicht so achtlos und eitel gewesen wären, hätte all das uns gehören können.

Für diejenigen von uns, die aus heute etwas vage erscheinenden Gründen (war noch nicht bereit dafür, wollte »mehr«) gute Männer verlassen haben, ist es mehr als ernüchternd, mit anzusehen, wie die Jahre ins Land ziehen, ohne dass wir von jemandem so heißblütig umworben werden wie von dem damals 19-jährigen oder auch 32-jährigen Beau. Wir hatten gedacht, dass andere Männer uns genauso lieben würden, und haben uns getäuscht.

Und wenn wir es uns nicht selbst sagen oder besorgte Angehörige haben, die sich Gedanken über uns machen, dann brauchen wir nur auf den nächsten mahnenden Zeitschriftenartikel zu warten, in dem wählerische alleinstehende Frauen daran erinnert werden, wie teuer sie für ihre 25-jährige Arroganz werden bezahlen müssen. *Das Karma ist ein Miststück!*

Dann reden wir jetzt mal über das Karma. Zum einen sieht die buddhistische Vorstellung vom Karma nicht vor, dass wir für alle unsere guten und schlechten Taten im Leben belohnt oder bestraft werden. Das Karma lässt sich Zeit, sodass man die Nachbeben des eigenen guten oder egoistischen Verhaltens nicht notwendigerweise bis zum achtzigsten Geburtstag erleben wird.

Zum anderen: Wenn man, wie ich, nicht wirklich an die Reinkarnation glaubt (Ich zweifle an allen Theorien zu einem Leben nach dem Tode, lasse mich aber gern eines Besseren belehren!), dann wird das ganze Konzept etwas konfus. Natürlich sehen wir alle ein, dass Freundlichkeit und Hilfsbereitschaft die Welt wahrscheinlich zu einem angenehmeren Ort machen werden und dass es oft auf einen zurückfällt, wenn man sich wie ein Miststück benimmt. Aber es gibt zu viele hungernde Kinder und zerstörte Lebensräume, als dass irgendein vernünftiger Mensch daran glauben könnte, dass wir alle das bekommen, was wir verdienen.

Ich habe im Rahmen meiner Studien zum tibetischen Buddhismus einen Karmakurs belegt und fand ihn, ehrlich gesagt, ziemlich langweilig. Es gab ziemlich viele Listen und Begriffe, aber wenig Zusicherungen in Bezug darauf, dass die Zicke bei der Arbeit, die uns unsere Idee geklaut hat, bekommen wird, was sie verdient. Aber das Interessante war, dass das Karma nicht wie eine Art kosmischer Knecht Ruprecht behandelt wurde, der die guten von den schlechten Kindern trennt. Die Grundlehre sieht folgendermaßen aus: Wir werden alle mit einer besonderen Disposition geboren – mit Vorlieben, Abneigungen, Begabungen et cetera. Wir fühlen uns zu bestimmten Dingen hingezogen und von anderen abgestoßen. Und diese Präferenzen – und unsere Reaktion darauf – bestimmen unser Schicksal.

Nehmen wir beispielsweise an, dass wir uns für einen Beruf entscheiden, der wettbewerbsorientiert ist und nicht gut bezahlt wird. Beispielsweise – was könnte man denn bloß nehmen? – den Beruf der freiberuflichen Autorin, um ein willkürliches Beispiel herauszugreifen. Als Folge davon, dass man seiner inneren Eingebung gefolgt ist, schläft man mit dreißig noch auf einem Futon und streitet mit seinen Mitbewohnern darüber, wer einem das Müsli weggeschnappt hat. Währenddessen hat die Klassenkameradin, die sich für einen technischen Beruf entschieden hat, ein Strandhaus und alle drei Jahre ein neues Auto.

Das ist Karma: Die Entscheidungen, die man trifft, führen zu sehr unterschiedlichen Ergebnissen. Aber das heißt nicht, dass man dafür bestraft wird, dass man »böse« war, oder dass sie dafür belohnt wird, dass sie »gut« war. Man hat diese Entscheidungen auf der Grundlage der eigenen Fähigkeiten und Präferenzen getroffen. Und sie hatte einfach das Glück, dass ihre Wünsche und Begabungen hervorragend zu einem gut bezahlten Beruf passten. Und falls sie ihren Beruf aufgrund rein praktischer Erwägungen gewählt haben sollte und in Wahrheit Softwareprogrammierung hasst, dann ist es ihr Karma, vierzig Stunden pro Woche mit einer Tätigkeit zuzubringen, die ihr keinen Spaß macht. Das bedeutet nicht, dass sie ein schrecklicher Mensch ist, sondern einfach nur jemand, der die Konsequenzen einer Entscheidung zu tragen hat.

Ich sage nicht, dass alle Entscheidungen wertneutral sind. Wenn man eine Entscheidung trifft, die einem selbst oder anderen schadet (beispielsweise jedes Wochenende Kokain schnupft), dann wird die Entscheidung, etwas anderes zu tun, beispielsweise für einen Marathon zu trainieren, wahrscheinlich eine positive Auswirkung auf die eigene Zukunft haben. Aber das hat nichts mit Belohnung oder Strafe zu tun – es ist einfache Logik.

Meine Freundin dachte, dass sie »schlechtes Karma« habe, weil sie nicht zum Heiraten bereit war, als sie die Gelegenheit dazu hatte. Aber »nicht bereit« zu sein, bedeutet nicht, dass man schlecht ist – man ist einfach nicht bereit. Wenn sie die Entscheidung getroffen hätte, ihre Instinkte zu ignorieren und diesen Mann zu heiraten, hätte sie vielleicht irgendwann ihre Ängste überwunden und eine wunderbare Ehe geführt. Oder sie hätte sie beide ins Unglück gestürzt, indem sie ein Leben geführt hätte, das sie nicht wollte.

Wir wissen nicht, wie sich die Dinge in dem alternativen Universum entwickelt hätten, in dem wir uns anders entschieden hätten. Wir können nur anhand der Informationen, die wir besitzen, die bestmögliche Entscheidung treffen. Julias Entscheidung mag ihrer Familie lächerlich vorgekommen sein, aber nach einer Weile nahm die Geschichte eine neue Wendung.

Einige Monate nach ihrer Trennung von Joe hörte Julia von einem Mann, den sie zehn Jahre zuvor bei einer Hochzeit kennengelernt hatte (und in den sie sich heimlich verliebt hatte). »Ich hatte einer Freundin gesagt, dass ich gern jemanden wie ihn kennenlernen würde«, erzählte Julia.

Damals war Matt verheiratet gewesen, aber inzwischen war er geschieden. Sie verlobten sich sechs Monate nach ihrer ersten Verabredung. »Matt wiederzusehen, bestätigte mich darin, dass ich all die Jahre nicht verrückt gewesen war. Ich hatte gewusst, wie es sich anfühlen würde, und hatte darauf gewartet«, sagte Julia.

Was genau bedeutet es eigentlich, Abstriche zu machen? Ich habe mit zwei Frauen gesprochen, deren Geschichten hilfreich erscheinen.

In ihren Zwanzigern und mit Anfang dreißig hatte Laurie keine ernsthafte Beziehung – ihre letzte hatte sie während der Schulzeit. Aber sie hatte in Bezug auf den Mann, den sie einmal heiraten wollte, eine klare Liste nicht verhandelbarer Kriterien. Er musste die Kunst lieben, durfte nicht religiös sein und musste in Manhattan leben wollen. Dann traf sie einen humorvollen und charmanten Mann namens Dave, der ein überzeugter Christ war, in einem Vorort lebte und sich absolut nichts aus Museen oder dem Theater machte. Sie heirateten, als Laurie 35 war, und als wir uns unterhielten, hatten sie gerade ihren zehnten Jahrestag gefeiert. Ich fragte Laurie, ob sie ihre Ansprüche gesenkt habe, worauf sie absolut überrascht reagierte. »Überhaupt nicht! Ich habe das Gefühl, großes Glück gehabt zu haben«, sagte sie in ihrem Haus in Westchester.

Suzanne, die PR-Managerin aus Kapitel 5, klagte oft gegenüber ihren Freundinnen, dass sie und ihr Freund nicht kompatibel seien, weil er beispielsweise »auf Autorennen stehe«. Ihre Freundinnen sagten ihr, dass sie verrückt sei – was mache es schon aus, wenn er Autorennen möge? Suzanne blieb zwei Jahre lang mit ihm zusammen.

Wann wusste sie, dass es Zeit für die Trennung war? »Als ich es nicht mehr ertragen konnte, in einem Raum mit ihm zu sein. Als ich nicht mehr von ihm berührt werden wollte«, sagte sie.

Woher weiß man, dass man Abstriche macht? Ganz einfach – wenn man das Gefühl hat, Abstriche zu machen.

Abstriche zu machen, ist kein Zeichen von Reife – es ist grausam. Wir verdienen alle, um unserer selbst willen geliebt und begehrt zu werden – nicht wegen unseres Kontos, wegen unserer Fähigkeiten in puncto Kindererziehung oder weil wir zufällig zu einem biologisch günstigen Zeitpunkt in das Leben eines anderen Menschen gestolpert sind. Wenn wir uns mit einem Mann »zufriedengeben«, hindern wir ihn daran, die Frau zu finden, die ihn als den Menschen liebt, der er wirklich ist. Und *das* ist schlechtes Karma.

21
Du willst eigentlich gar keine Beziehung

Auch bekannt als: »Wenn du einen Ehemann wolltest, hättest du schon einen.«

Diese geläufige Aussage hat zwei Ursprünge – einen netten und einen weniger netten.

Wenn sie einen netten Ursprung hat, kommt sie meistens aus dem Mund einer guten Freundin oder der Lieblingstante: *Ich weiß doch, dass du eine attraktive Frau bist, die Liebe geben und empfangen kann. Wenn du trotzdem allein bist, musst du – auf irgendeiner Ebene – diese Wahl getroffen haben.* Oft geht es mit Schmeicheleien einher – *du bist zu cool, um einen langweiligen Ehemann zu wollen.* Manchmal schimpfen sie auch ein bisschen über ihren eigenen Mann – schmutzige Socken auf dem Boden, so in der Art – und seufzen wehmütig, wie schön es doch sein müsse, die Freiheit zu haben, sich zu verabreden et cetera.

Die Analyse der Freundin mag zutreffen oder auch nicht, aber was sie sagen will, ist Folgendes: *Ich glaube, dass dein Leben ziemlich cool ist, also steh auch dazu. Wenn du wirklich jemanden wolltest, würdest du irgendeinen Mann heiraten.* Sie respektiert, dass man ein Wertesystem hat, das der Liebe Vorrang vor dem Lebensstil und der Ehrlichkeit Vorrang vor dem Status gibt.

Aber manchmal bekommt man auch eine weniger großzügige Ansicht dazu zu hören, weshalb man – tief drinnen – keine langfristige Beziehung will: Man kriegt es nicht auf die Reihe.

Vielleicht bekommt man es direkt zu hören, beispielsweise von einem patzigen Schwager, der laut darüber nachdenkt, wann man endlich »erwachsen wird« und »ein geregeltes Leben führt« (als ob man von Absteige zu Absteige ziehen und sich ein bisschen Zigarettengeld mit Kartenspielen verdienen würde). Oder man hat sich einfach die gesellschaftliche Annahme zu eigen gemacht, dass Menschen allein bleiben, weil sie sich weigern, die strengen Regeln der Ehe zu akzeptieren – dass das Einzige, was einen daran hindert, dem Club der Erwachsenen beizutreten, Engstirnigkeit und Kompromissunfähigkeit ist. Schließlich müsste man unter Umständen über unterschiedliche Zahnpasta-Ausdrückmethoden verhandeln! Was ist, wenn er nicht einsieht, dass es nur *eine* einzig wahre Art gibt, die Fernbedienungen auf dem Couchtisch anzuordnen?

Früher wurden ältere Singles als bekloppte Exzentriker abgetan – die pedantische altjüngferliche Tante, der nichtsnutzige Junggesellenonkel. Das ist inzwischen nicht mehr ganz so einfach, da Singles einen so großen Teil der Gesamtbevölkerung ausmachen. Stattdessen sind Singles Teil der düsteren Vision vom »Niedergang der Ehe« geworden.

Das durchschnittliche Erstheiratsalter steigt weiter an und liegt in den USA bei Frauen inzwischen bei 27 und bei Männern bei 29 Jahren (in Deutschland bei 30 und 33 Jahren). Das kommt Ihnen vielleicht gar nicht so alt vor, aber angesichts der Kombination aus steigendem Heiratsalter und sinkendem Anteil Verheirateter machen sich manche Leute Sorgen wegen dieser verrückten Beziehungsphobiker, die das Gesellschaftsgefüge aufweichen. (Die Tatsache, dass jetzt viele Homosexuelle vor den Altar treten, hat offenbar nichts zur Linderung dieser Ängste beigetragen.)

In amerikanischen Zeitungskommentaren und Berichten großer Think-Tanks weisen die offiziellen Bedenkenträger darauf hin, dass immer mehr Frauen ohne Collegeausbildung alleinerziehend sind – ein begründeter Anlass zur Sorge. Allerdings besteht die vorgeschlagene Lösung nicht darin, besseren Zugang zu Verhütungsmitteln oder zu einem Collegeabschluss zu ermöglichen (was die Wahrscheinlichkeit unehelichen Nachwuchses deutlich verringern würde), sondern darin, sie zu einer frühen Heirat zu drängen. Und diese Botschaft richtet sich nicht nur an Schulabbrecherinnen, sondern sogar an Absolventinnen von Eliteuniversitäten.

Natürlich wollen sie nur unser Bestes – wir werden viel glücklicher sein! Ja, sicher, wir werden nicht mehr bis drei Uhr morgens mit unseren Freundinnen Kurze trinken können und werden unsere Sucht nach 1500-Euro-Handtaschen überwinden müssen. Aber das wird uns nicht schwerfallen, weil wir in der Ehe *tiefere Freuden* erleben werden. Sobald man »Ja« gesagt hat, verwandelt man sich im Handumdrehen vom versoffenen Partygirl zur aufrechten Bürgerin!

Das Dumme an dieser Geschichte ist, dass es – wie schon in Kapitel 4 erwähnt – später heiratenden Frauen extrem gut geht, besonders, wenn sie eine akademische Ausbildung haben. Sie haben ein niedrigeres Scheidungsrisiko, verdienen besser und bekommen ihre Kinder mit höherer Wahrscheinlichkeit erst *nach* der Heirat.

Deshalb würde ich argumentieren, dass wählerische, auf ihren Beruf fixierte Singles die Ehe nicht untergraben, sondern zu ihren besten Verbündeten gehören. Denn während die Amerikaner ihr Recht wahrnahmen, auf die richtige Beziehung zu warten, geschah etwas Interessantes: Die Scheidungsrate sank. Die oft zitierte Fünfzig-Prozent-Statistik trifft auf Leute zu, die in den Siebzigern geheiratet haben, aber mit jeder nachfolgenden Generation sinkt die Trennungswahrscheinlichkeit. Die Wirtschaftswissenschaftler Betsey Stevenson und Justin Wolfers untersuchten die Wahrscheinlichkeit, mit der Ehen mit unterschiedlichen demographischen Merkmalen ihren zehnten Jahrestag erreichten. Sie stellten fest, dass Frauen mit Collegeabschluss, die in den Neunzigerjahren heirateten, eine niedrigere Scheidungsrate (16 Prozent) hatten als diejenigen, die in den Achtzigerjahren heirateten (20 Prozent), die wiederum eine niedriger Scheidungsrate hatten als diejenigen, die in den Siebzigern geheiratet hatten (23 Prozent).

Mit der Einschränkung, dass Korrelationen nicht notwendigerweise einen kausalen Zusammenhang beweisen, sagte Stevenson, dass der Grund für diese Entwicklung darin liegen könne, dass Menschen heutzutage vor der Ehe ein intensiveres »Dating« betreiben. »Das heißt, sie testen ihre Beziehungen ausgiebiger, bevor sie sich auf die Ehe einlassen. Das könnte ein Grund für die sinkenden Scheidungsraten sein. Einige der schwächeren Beziehungen bestehen den Test nicht«, schrieb sie in einer E-Mail.

Es gibt keinen Niedergang der Ehe – sie ist stärker als in den letzten Jahrzehnten. Und ich behaupte, dass diejenigen von uns, die sich nicht dem gesellschaftlichen Druck gebeugt haben, früh zu heiraten, wesentlich dazu beigetragen haben.

Aber für diese Reparaturarbeiten am Gesellschaftsgefüge dürfen wir keinen Dank erwarten. Singles bleiben auch weiterhin in ihrer subjektiven Welt gefangene Teenager, während diejenigen, die heiraten, und besonders diejenigen, die früh heiraten, würdevoll die Werte einer vergangenen Zeit hochhalten.

Interessanterweise verwenden die Nörgler, die die Ehe zur moralisch überlegenen Option aufblasen, gern stockkonservative Vokabeln wie »Pflicht«, »Opfer« und »Institution«, was die Ehe weniger nach der freudigen Gemeinschaft zweier Menschen als vielmehr nach einem Einsatz in Afghanistan klingen lässt.

Ich habe meinen Mann nicht aus Pflichtgefühl geheiratet, sondern weil er ein wunderbarer Mensch ist. Ich habe ihn geheiratet, weil er mich jeden Tag zum Lachen bringt, weil er ein ausgeprägtes Mitgefühl für die Machtlosen auf der Welt hat und weil er mich so behandelt, wie ich ihn behandle – mit Liebe, Freundlichkeit und Respekt. Und außerdem ist er wirklich attraktiv. Ich befinde mich nicht in einer *Institution* – ich hänge mit meinem besten Freund ab.

So beschreiben die meisten spät verheirateten Frauen, die ich kenne, ihre Ehe. Sicher sagen manche, die Ehe sei »Arbeit«, und viele haben die Erfahrung gemacht, dass es ziemlich kompliziert sein kann, zwei gut eingerichtete Leben zu einem zu verschmelzen – Stiefkinder, Verflossene und so weiter. Aber das Problem, mit dem sie nicht konfrontiert sind, ist Ambivalenz – jenes farblose, geruchlose Gas, das so viele Beziehungen zersetzt. Das macht die Sache viel einfacher, wenn die unvermeidlichen Konflikte und Kompromisse aufkommen.

Die Wirtschaftswissenschaftlerin Dana Rotz hat in diesem Zusammenhang Folgendes herausgefunden: Je älter das Paar bei der ersten Heirat, desto mehr Zeit verbringen die Partner miteinander und desto seltener und zivilisierter sind ihre Streitigkeiten.

Nehmen wir Julia, meine Freundin, der am Weihnachtsmorgen mitgeteilt wurde, dass sie zu viel von Beziehungen erwarte. Julia musste ziemlich viel aufgeben, um mit Matt zusammen sein zu können. Sie musste sich von ihrer Wohnung in Brooklyn Heights trennen und zu Matt und seinem halbwüchsigen Sohn in ein Haus in einem Vorort von Denver ziehen. Sie musste Hunderte von Kilometern von Freunden und Angehörigen wegziehen, in eine Stadt, in der sie niemanden kannte. Innerhalb weniger Monate wurde aus einer alleinstehenden Frau, die an den Wochenenden an ihrem Roman schreiben konnte, eine Stiefmutter, die morgens um sechs Uhr aufstehen musste, um zu Hockeyspielen zu fahren.

Es ist nicht so, dass diese Dinge Julia nichts ausmachen würden, aber sie rühmt sich auch nicht der »Opfer«, die sie bringt, weil es ihr das Zusammensein mit Matt einfach wert ist – weil sie ihn liebt. So ist das, wenn man auf den Richtigen wartet. Man fühlt sich nicht überlegen, sondern ist einfach verdammt glücklich.

Und hier noch ein Gedanke: Vielleicht sind Sie bis weit ins Erwachsenenalter hinein Single geblieben, weil Sie ... wissen, was Sie tun. Weil etwas mit Ihnen stimmt. Die Gesellschaft mag ältere Singles als Verlierer und Narzissten darstellen, aber in Wahrheit sind diejenigen, die mittelmäßige Beziehungen *vor* der Ehe beenden oder gar nicht erst beginnen, die wahren Pfeiler dieser Institution.

Sie haben diesen netten Mann, der veranlagungsbedingt nicht in der Lage war, seine Stromrechnung zu bezahlen, nicht geheiratet. Auch auf den extrem angesehenen Anwalt, in dessen Nähe sie sich aus irgendeinem Grund beschissen fühlten, haben sie verzichtet. Vielleicht ist das, was andere Starrsinn oder Arroganz nennen, in Wirklichkeit Vernunft und Intuition – und die Reife zu wissen, dass man manche Dinge nicht erzwingen kann.

22
Du brauchst Übung

Meine ursprüngliche Idee für dieses Buch bestand darin, die Geschichten anderer Frauen zu erzählen, die bei ihrer Heirat älter als 35 waren. Als meine Lektorin vorschlug, ein Buch über das Singledasein zu schreiben, war mein erster Gedanke, dass ich dafür ja nicht mehr qualifiziert sei. Ich war zum Lager der Verheirateten übergelaufen – ich war eine von *ihnen*.

Aber dann wurde mir klar, dass Frauen, die heiraten, nachdem sie den größten Teil ihres Lebens allein verbracht haben, oft am meisten zur Aufrechterhaltung der Stereotype beitragen. Das begegnet einem oft bei diesen »Endlich glücklich«-Porträts berühmter Schauspielerinnen, die in ihren Dreißigern oder Vierzigern geheiratet haben. Barfuß in die Sofaecke gekuschelt, vertraut die Berühmtheit dem Reporter an, wie ahnungslos sie während ihrer Singlejahre gewesen sei. Sie sei mit den falschen Männern ausgegangen, habe versucht, es allen recht zu machen und so weiter – aber glücklicherweise sei sie noch rechtzeitig klug geworden, um die Belohnung für all das (hart erkämpfte!) persönliche Wachstum zu kassieren: den stattlichen Ehemann, der in der Küche Spaghetti Carbonara zubereitet.

Geschichten dieser Art sollen inspirieren – nach dem Motto: Wenn ich es geschafft habe, kannst du es auch, Schwester! Aber dahinter steckt die Botschaft, dass eine glückliche Liebesbeziehung nichts ist, das man *findet*, sondern *sich verdient*. Man entwickelt Fähigkeiten und sammelt Weisheit an, indem man die Beziehungsschule durchläuft. Dabei schärft man seine Fähigkeit, Putzpläne auszuhandeln und fair zu streiten und selbstsicher aufzutreten. Man lernt im Lauf der Zeit, sich nicht mehr zu Männern hingezogen zu fühlen, die spielsüchtig sind oder keinen Zugang mehr zu ihren Gefühlen haben. Nach Trennungen durchstöbert man die Trümmer, die all der Schmerz und Kummer hinterlassen haben, nach den Juwelen der Bedeutung und Weisheit, die einem in zukünftigen Beziehungen von Nutzen sein werden.

Das ist etwas Tolles – wenn man viele ernsthafte Liebesbeziehungen hatte. Bei vielen von uns ist das allerdings nicht der Fall – oder wir hatten sie, fanden sie aber nicht besonders lehrreich. Als ich noch Single war, beunruhigte mich das etwas. Andere Leute promovierten in Beziehungen, während ich nicht mal die zweite Klasse schaffte!

Da ich nicht viele Beziehungen gehabt hatte, befürchtete ich, kein »Beziehungsmaterial« zu sein. Vielleicht hatte ich irgendeine grundlegende Lebensphase verpasst und jetzt war es zu spät – Jahre des Alleinseins hatten mich zu einem Menschen geformt, der nicht mehr in der Lage war, sein Leben mit jemandem zu teilen.

Mark und ich waren noch kein Jahr zusammen, als er in meine kleine Ein-Zimmer-Wohnung einzog. Ich war vierzig Jahr alt und hatte noch nie mit einem Mann zusammengelebt. Natürlich ging ich davon aus, dass mir eine harte »Einarbeitungszeit« bevorstand. Aber dann wurde ich angenehm davon überrascht, wie ... schön es war. Natürlich gab es die üblichen Auseinandersetzungen über die paritätische Aufteilung des Spiegelschranks im Bad und unterschiedliche Auffassungen in Bezug auf das Lesen von Zeitschriften am Abendbrottisch. Wir haben beide Stimmungsschwankungen, und manchmal streiten wir uns. Aber unter dem Strich lässt sich doch sagen, dass wir einander mögen und erwachsen sind, sodass sich diese Dinge im Allgemeinen klären lassen.

Ich weiß, dass es gefährlich ist, seine eigene Ehe als Musterbeispiel für Harmonie darzustellen. Nur weil wir seit sieben Jahren friedlich zusammenleben, bedeutet das nicht, dass wir die Sache nicht immer noch in den Sand setzen können – »Shit happens«.

Aber ich weiß auch, dass ich nicht der einzige Beziehungsschulabbrecher bin, der es auf wundersame Weise geschafft hat, vierzehn Klassen zu überspringen. Ich weiß von vielen anderen Menschen, deren karge Lernbilanz der glücklichen Beziehung, die sie mit 38 oder 42 oder 57 eingingen, nicht im Wege stand.

»Es war ganz leicht«, sagte Ellen, eine Journalistin, die mit 52 zum ersten Mal heiratete. Obwohl sie eine ebenso dürftige Beziehungschronik hatte wie ich, lebt sie jetzt glücklich mit ihrem Ehemann und zwei Katzen in ihrer winzigen New Yorker Wohnung. »Problematisch ist nicht die Ehe. Wenn er etwas auf dem Boden hat herumliegen lassen und die Katzen darauf gepinkelt haben, ist das ja kein Eheproblem. Wenn man gut kommuniziert, verhandelt und gut miteinander auskommt, sind die anderen Dinge kein Problem«, meinte sie.

Meine Freundin Marcella (die Künstlerin aus Kapitel 2, die ihren Ehemann George nach einer neunjährigen Durststrecke kennenlernte) zog etwa ein Jahr, nachdem sie angefangen hatten, miteinander auszugehen, bei ihm ein. Auch sie ging davon aus, dass sie einige schmerzliche Lernerfahrungen würde machen müssen, und stellte überrascht fest, dass sie mit den Herausforderungen einer langfristigen Beziehung sehr gut zurechtkam.

»Es ist schon ein komisches Gefühl, von der Position einer kompletten Versagerin in eine Position zu wechseln, in der ich wirklich stolz auf meine Ehe bin. Wer hätte gedacht, dass ich mich je so fühlen würde, nachdem ich mich so lange auf der untersten Stufe der Leiter gesehen habe?«, sagte Marcella.

Wenn man ein intelligenter, sensibler Mensch ist, wird man lernen und sich weiterentwickeln – was immer man auch tut. Wenn die seriell-monogame Freundin allmählich herausfindet, wie sie es schafft, in Beziehungen nicht ihre Identität aufzugeben, ist das eine tolle Sache. Aber vielleicht durchläuft man selbst diese Form der Erwachsenenbildung deshalb nicht, weil man es einfach nicht braucht. »In Beziehungsratgebern findet man immer Empfehlungen dazu, wie man aufhören kann, sich mit den falschen Männern einzulassen«, sagte Ellen. »Aber für mich war das, als ob mir jemand raten würde, aus gesundheitlichen Gründen mit dem Rauchen aufzuhören. Was ist, wenn man gar nicht raucht? Ich brauchte keine Ratschläge dazu, wie ich es vermeiden konnte, mit den falschen Männern auszugehen – das ist ganz einfach.«

Es gibt auch viele nützliche Beziehungskompetenzen, die durch das Alleinleben gefördert werden. Man lernt, für sich selbst zu sorgen, sodass man nicht nach jeder Niederlage oder Enttäuschung vom Partner wieder aufgerichtet werden muss. Man lernt, mit Zurückweisung umzugehen, und hält es daher aus, wenn der Partner mit schlechter Laune nach Hause kommt und einen ausschließt. Man entwickelt ein unerschütterliches Vertrauen in die eigene Fähigkeit, das eigene Leben im Griff zu haben, und das bedeutet, dass man kein Problem damit hat, die Kontrolle über die Organisation der Küchenschränke oder die Auswahl der Rentenversicherung abzugeben.

Ich wiederhole es noch einmal: Diese Fähigkeiten sind keine Voraussetzung für eine glückliche Beziehung, aber es erweist sich als nützlich, wenn man sie besitzt. Die Weisheit, die ich als alleinstehende Frau erlangt habe, hat absolut nichts dazu beigetragen, dass ich einen Partner gefunden habe – das war reines Glück –, aber sie hat mein Leben damals einfacher gemacht und tut es noch heute.

23
Du bist zu alt

Mit 36 Jahren gab Sasha Cagen, wie sie sagt, aus einem Zufallsimpuls heraus ihren Job im Silicon Valley auf, um durch Brasilien zu reisen. Mit dem Erlös aus dem Verkauf ihres Social-Network-Unternehmens konnte Sasha monatelang unterwegs sein, und ihr Instinkt sagte ihr, dass ihr diese Reise helfen würde, die tiefe spirituelle und sexuelle Krise zu überwinden, in der sie sich seit einiger Zeit befand.

Aber sie hatte auch Angst – nicht nur, weil all das eine große Veränderung in ihrem Leben darstellte, sondern weil sie eine alleinstehende Frau war, über der das Damoklesschwert eines Verfallsdatums hing. »Ich dachte, wenn ich zurückkomme, bin ich 37 und niemand will mit mir ausgehen. Alle werden mich aus dem Onlinedating streichen, und dann bin ich geliefert«, sagte Cagen, Autorin von *Quirkyalone: Singles aus Leidenschaft*.

Das Verfallsdatum. Das nagende Gefühl, dass man eines Tages, an einem schicksalhaften Geburtstag, aufwacht und die

Sache gelaufen ist. Man kommt nicht mehr als Partnerin in Frage – schickt die Katzen rüber. Frauen erhalten diese Botschaft aus vielen Quellen, aber am entmutigendsten sind wahrscheinlich die Onlineprofile der Männer, die sie gerne kennenlernen würden.

Gibt es etwas, das eine Singlefrau schneller in eine Depression stürzt als die Zeile, die mit den Worten beginnt: »Suche Frau im Alter zwischen...«? Oder das besondere Gefühl, das sich einstellt, wenn man entdeckt, dass ein zehn Jahre älterer Mann einen für *zu alt* hält?

Immerhin ist es eine nützliche Information. Wer möchte schon mit einem Mann zusammen sein, der nicht Manns genug ist, mit gleichaltrigen Frauen auszugehen? Aber deprimierend ist es trotzdem.

Viele Männer behaupten, das sei nicht persönlich gemeint. Es sei nicht Eitelkeit oder eine Jugend-Obsession oder die Angst davor, bei einem Streit den Kürzeren zu ziehen, die sie dazu bewege, junge Frauen zu bevorzugen. Sie wollten einfach noch Kinder haben. Wenn es schon eine Technologie gibt, die ihnen die Möglichkeit bietet, festzustellen, mit welcher Online-Fremden eine höhere Wahrscheinlichkeit der Familiengründung besteht, weshalb sie nicht nutzen?

Das Schlimmste an diesem Argument ist die Tatsache, dass... es nicht völlig irrational ist. Die nette Überraschung beim Onlinedating ist die Entdeckung, dass hinter dem Bildschirmnamen tatsächlich ein lebendiger Mensch steckt. Aber solange man sich nicht persönlich begegnet ist, sind wir alle nur Pixel im Äther. Wenn wir Frauen die Möglichkeit hätten, per Mausklick festzustellen, ob der Mann, mit dem wir ausgehen, zeugungsfähig ist, würden wir sie dann (wenn wir ganz ehrlich sind) nicht auch nutzen?

Natürlich sollten sich familienorientierte Männer über vierzig oder fünfzig darüber im Klaren sein, dass sie selbst auch nicht gerade die stärksten Wölfe im Rudel sind, wenn wir uns gegenseitig unter rein fortpflanzungsbiologischen Gesichtspunkten beurteilen. Aus jüngeren Forschungsarbeiten geht hervor, dass auch Männer eine biologische Uhr haben, da Wissenschaftler einen Zusammenhang zwischen einem höheren Alter des Vaters und Störungen wie Autismus und Schizophrenie gefunden haben.

So ist das mit der Biologie: Sie schert sich nicht darum, was richtig oder gerecht oder unserer heutigen Lebensweise angemessen ist. Sie ist, wie sie ist. Und das stellt leider viele alleinstehende Menschen vor eine brutale Entscheidung: auf die richtige Beziehung warten oder leibliche Kinder haben.

Kurz vor meinem 33. Geburtstag erschien ein intensiv beworbenes Buch, das Frauen über ihre miesen Chancen informierte, nach ihrem 35. Geburtstag noch schwanger zu werden. Das war mir nicht neu (ich hatte an jenem Tag im Biologieunterricht in der siebten Klasse nicht geschlafen), aber es machte trotzdem keinen Spaß, den neuen Ansturm der Kolumnen und Zeitschriftenartikel zur Kenntnis zu nehmen, die sich über meine schrumpfenden Eierstöcke ausließen (aber gelesen habe ich sie trotzdem!). Da ich wusste, dass es eine verbreitete Medienpraxis ist, weibliche Verunsicherung zu schüren, (und da die siebte Klasse ziemlich lang zurücklag), beschloss ich, mithilfe meiner Frauenärztin einen Faktencheck durchzuführen. Als ich bei der nächsten Vorsorgeuntersuchung in einem weißen Kittel auf dem mit Papier ausgelegten Untersuchungsstuhl saß, bat ich sie, mir die Wahrheit zu sagen: »Wie viel Zeit habe ich noch?«

Sie zögerte keine Sekunde. »Darüber würde ich mir jetzt noch keine Sorgen machen, aber wenn sie mit 37 oder 38 noch keinen Partner haben, sollten Sie mit mir über die Möglichkeit, allein Mutter zu werden, sprechen«, meinte sie.

Ich muss ein bisschen geschockt ausgesehen haben, denn sie fügte hinzu: »Das hätte ich jedenfalls getan, wenn ich zu diesem Zeitpunkt noch nicht mit meinem Mann zusammen gewesen wäre.«

»Ich werde das nicht tun«, sagte ich. »Ich will keine alleinerziehende Mutter sein.«

Sie nickte und erzählte mir von dem Baby, von dem sie in der Woche zuvor eine 42-jährige Frau entbunden hatte.

Danach fühlte ich mich zwar etwas besser, aber die Botschaft war doch klar: Wenn ich auf einen Ehemann wartete, um Mutter zu werden, würde es vielleicht nie dazu kommen. Und genau das ist eingetreten.

Andere spät heiratende Frauen hatten mehr Glück – oder bemühten sich einfach mehr. Eine Freundin heiratete mit vierzig und bekam danach ohne jede medizinische Intervention noch zwei Kinder. Andere schlugen den langen, beschwerlichen Weg der künstlichen Befruchtung ein und wurden schwanger (wieder andere versuchten es auf dieselbe Weise und wurden nicht schwanger).

Meine über vierzigjährigen Freundinnen und ich trafen die zum jeweiligen Zeitpunkt bestmöglichen Entscheidungen und bekamen das, was wir bekamen. Aber für heute zwanzig- oder dreißigjährige Frauen tun sich spannende neue Optionen auf. Eine stille medizinische Revolution findet statt – eine kleine, aber steigende Zahl von Frauen lässt als Single ihre Eizellen einfrieren und tut dann das, was sie sonst noch im Leben tun will.

Die Einfriermethode gibt es schon eine ganze Weile. Meine Freundinnen und ich sprachen früher davon, aber auf die vage, unverbindliche Art, auf die wir auch hätten davon sprechen können, nach Kanada auszuwandern oder dem Friedenskorps beizutreten. Es war etwas, das man erwähnte, wenn einem sonst nichts mehr einfiel.

Als wir noch relativ junge Eizellen hatten, bestand die einzige Möglichkeit, sie einzufrieren, darin, einen Embryo daraus zu machen. Das war das Problem, da die Tatsache, dass wir den Vater nicht kennen würden, überhaupt der Grund dafür war, dass wir keine Kinder hatten.

Aber heutzutage können Frauen nicht befruchtete Eizellen einfrieren lassen und mit derselben Erfolgsrate wie bei frischen Eizellen rechnen, falls und wenn sie sich einer IVF-Behandlung unterziehen.

Zugegeben, die Methode ist noch sehr neu und ziemlich teuer – zwischen 7000 und 15 000 Dollar pro Zyklus. Und viele alleinstehende Frauen sind vom neuesten Mantra der selbstgefälligen Verheirateten (»Du solltest deine Eizellen einfrieren lassen.«) nicht begeistert. Das ist ihr gutes Recht. Dennoch finde ich, dass wir uns alle einen Augenblick Zeit nehmen sollten, um uns klarzumachen, wie wunderbar das ist – die radikalste Innovation im Bereich der Reproduktionsmedizin seit der Erfindung der Pille. Frauen können jetzt mithilfe von Eizellen, die eingefroren wurden, als sie noch Single waren, Babys mit Ehemännern haben, die sie Jahre nach der Einlagerung ihres Genmaterials kennengelernt haben. Das ist großartig und Grund zur Freude und die Medien sollten aufhören, Frauen, die die Technologie nutzen wollen, als »von Panik getrieben« zu bezeichnen. Frauen lassen ihre Eizellen nicht einfrieren, weil sie verzweifelt oder bemitleidenswert sind. Sie tun es, *weil es möglich ist*.

Was uns ältere Mädels betrifft, so muss ich zugeben, dass ich die jungen Frauen ein wenig um diese Option beneide. Aber ich bin auch immer noch sehr dankbar dafür, dass mir meine eigene Ärztin die Optionen, die ich Anfang der 2000er Jahre hatte, so unvoreingenommen dargelegt hat – auch wenn es mich damals ein bisschen schockiert hat. Es hat mir geholfen, mir über meine Prioritäten klar zu werden. Wenn ich mich zwischen der wahren Liebe und einem leiblichen Kind würde entscheiden müssen, würde ich mich für die Beziehung entscheiden.

Ich habe mit vielen Frauen gesprochen, die ebenfalls vor dieser schwierigen Entscheidung standen – mit Frauen, die dieselbe Wahl wie ich trafen, mit Frauen, die sich dafür entschieden, alleinerziehende Mütter zu sein, und mit einer Frau, die einfach den überaus netten Mann heiratete, den sie online kennengelernt hatte (und mit dem sie später ein Kind bekam). Wenn sie ihre Geschichten erzählen, höre ich manchmal Kummer und Wehmut heraus, aber ich höre kein Bedauern. Es war eine schwierige Entscheidung, aber es war *unsere* Entscheidung.

Was Sasha Cagen betrifft, so hatte sie recht damit, dass der Aufenthalt in Brasilien ihre Stimmung heben würde, und unrecht damit, dass sie nie wieder mit einem Mann ausgehen würde. »Ich hatte völlig unrecht. Ich war anscheinend begehrenswerter als zuvor, und das ist auch weiterhin so«, sagte sie an ihrem derzeitigen Wohnsitz in Buenos Aires, wo sie gerade Tango lernt, zwei Unternehmen führt (Lebensberatung und ein Onlinekurs mit dem Titel »Get Quirky«) und ein autobiografisches Buch schreibt.

Sie hat zwar noch keinen Partner gefunden, sagt aber, dass sie sich umso weniger Sorgen deswegen macht, je näher ihr 40. Geburtstag rückt. So ist das mit diesen großen, schlimmen Geburtstagen – wenn sie da sind, stellt man fest, dass man sich nicht plötzlich in eine tragische viktorianische Jungfer verwandelt hat. Man ist immer noch derselbe Mensch.

»Wenn ich das Thema Kinder außer Acht lasse, ist es wirklich völlig unerheblich, wie alt ich bin«, meinte Cagen. »Ich habe noch viele Jahre vor mir. Ich könnte eine pessimistische Haltung einnehmen, aber wozu? Es gibt so viele Gründe, optimistisch zu sein.«

24
Du weisst nicht, was Liebe ist

Jedenfalls nicht, was *wahre* Liebe ist. Klar, du weißt jede Menge über albernes Verknalltsein und Rumknutschen auf dem Rücksitz von Taxen, aber nichts über erwachsene Liebe.

Singles fühlen sich oft verpflichtet zu berichten, dass sie schon ernsthafte Liebesbeziehungen hatten. Jemandem, der fünf Jahre lang mit einem Partner zusammengelebt hat oder »so gut wie verlobt« war, gesteht man eher zu, dass er etwas von Liebe versteht, als jemandem, der diese Referenzen nicht vorzuweisen hat. Geschieden zu sein, bringt noch mehr Punkte ein. »Es wird ironisch angemerkt, dass man ja so schlecht nicht sein kann, wenn einen schon mal jemand genug begehrt hat, um einen zu heiraten«, sagte Pamela Paul, Autorin von *The Starter Marriage*, der Zeitung *USA Today* in Bezug auf die Reaktionen, die sie nach ihrer eigenen Scheidung erhielt.

Wer sensibel und intelligent genug ist, die Beinahe-Verlobung oder Scheidung zu vermeiden (also nicht Jahre, sondern nur einige Monate braucht, um herauszufinden, dass die Partnerschaft nicht funktioniert), erhält dafür wenig Anerkennung. Niemand bewundert Menschen dafür, dass sie sich weigern, sich mies behandeln zu lassen – sodass die miesen Kerle sich gezwungen sehen, sich eine leichtere Beute zu suchen. Stattdessen wird davon ausgegangen, dass ihnen ein gewisses Liebesgen fehlt.

Aber was die in dauerhaften Beziehungen lebenden Menschen nicht verstehen, ist Folgendes: Liebe ist immer vorhanden; sie kommt nur anders zum Ausdruck.

Eine der wichtigsten Lehren des Buddhismus ist die Aufforderung, ein waches Herz zu haben. Normalerweise denken wir dabei an eine Liebesbeziehung – mein Herz ist ON, Baby – im Gegensatz zum Alleinsein, bei dem das Herz schläft. Aber jeder, der als Erwachsener allein gelebt hat, weiß, dass es nicht so ist.

Man hat trotzdem diese Energie, und auch wenn man sie manchmal »wie einen Stein im Bauch spürt«, wie es Zoë Hellers Romanheldin beschreibt (siehe Kapitel 7), so kann sie doch auch nach außen strömen – zu dem gütigen indischen Großvater im Supermarkt an der Ecke, zu dem Restaurantangestellten, der seine Zigarettenpause auf der Hintertreppe verbringt, zu den verschlafenen Morgengesichtern in der U-Bahn.

Das ist die schöne Seite der Sehnsucht. Jede Begegnung gewinnt an Bedeutung – das scherzhafte Geplauder mit den Typen in der Metzgerei, der Heimweg mit der Frau, die man gerade im Yogakurs kennengelernt hat. Sich mit einer engen Freundin zum Abendessen zu treffen, ist nicht nur ein angenehmer Zeitvertreib, sondern es ist das, was das Leben ausmacht. Diese zwei oder drei oder sieben Stunden fieberhafter Unterhaltung, bei der man wegen des engstirnigen Chefs empört aufschreit, begeistert von dem tollen Roman erzählt, den man gerade liest, die neuesten Äußerungen eines Politikers über weibliche Fortpflanzungsorgane auseinandernimmt, machen all den anderen Mist, mit dem man sich tagtäglich herumschlägt, mehr als wett.

Laut der Psychologin Barbara Fredrickson von der University of North Carolina ist die Verbindung, die wir bei diesen innigen Begegnungen mit Freunden oder sogar mit Fremden spüren, Liebe – ein Gefühl, das biologisch identisch ist mit der Liebe in ihren höher bewerteten Manifestationen (zwischen Partnern in einer Liebesbeziehung oder innerhalb der Familie).

Liebe, so Fredrickson, ist kein gemütliches Zimmer, das man betritt, ja, sie ist nicht einmal eine besondere Bindung oder Beziehung. Sondern sie ist das Gefühl der Verbundenheit, das man immer dann spürt, wenn sich Blicke begegnen, ein Lächeln erwidert wird oder man über denselben Witz lacht. Wenn »die Grenzen zwischen einem selbst und der Außenwelt – dem, was außerhalb der eigenen Haut liegt – durchlässiger werden. Während wir von Liebe durchdrungen sind, sehen wir weniger Unterschiede zwischen uns selbst und den anderen«, schreibt sie in *Die Macht der Liebe: Ein neuer Blick auf das größte Gefühl*.

Fredrickson und ihre Kollegen fanden heraus, dass ihre Probanden mehr dieser »Mikromomente« der Verbundenheit erlebten, wenn sie eine Form der Meditation praktizierten, die als »liebende Güte« bezeichnet wird.

Diese Technik, die an den meisten Meditationszentren unterrichtet wird, ist so einfach, dass sie einem wie eine weitere geistlose Smiley-Therapie vorkommen kann. Aber Fredrickson, die viel vom Kultivieren positiver Gefühle hält, ist (wie Oliver Burkeman) keine Anhängerin der »Sei positiv«-Denkschule. Gefühle zu erzwingen funktioniert nicht, sondern führt zu dem, was Fredrickson »toxische Unaufrichtigkeit« nennt.

Bei der Meditation der liebenden Güte wünscht man anderen mithilfe eines kurzen Mantras Glück. Ich selbst verwende das Mantra: »Mögest du glücklich sein. Mögest du inneren Frieden finden. Mögest du frei von Leiden sein.« Wenn daraus echte Gefühle resultieren, ist das großartig. Wenn nicht, ist es auch in Ordnung.

Anfangs wünscht man jemandem, den man liebt, beispielsweise einem Kind oder einem Haustier, ganz unkompliziert etwas Gutes. Dann tut man es für sich selbst (viele Lehrer raten dazu, bei sich selbst anzufangen, aber ich finde diese Reihenfolge einfacher), dann für einen Freund, dann eine neutrale Person (einen Kollegen aus einer anderen Abteilung, die Frau im Fitnessclub, bei der man sich registriert) und dann für eine »schwierige Person«. Und schließlich weitet man diesen Kreis auf alle Menschen aus – in der eigenen Stadt, im eigenen Land, in der westlichen Hemisphäre, auf dem Planeten.

Es klingt kitschig, aber wenn ich es regelmäßig praktiziere, spüre ich, dass ich gewissermaßen an den Rändern weicher werde – und die innigen Mikrobegegnungen wirklich öfter stattfinden. Wenn ich meine »neutrale Person« (den UPS-Zusteller oder den Teenager, der um die Ecke wohnt) auf der Straße sehe, spüre ich das warme Aufwallen, das man sonst bei der Begegnung mit einem alten Freund spürt. Wenn ich meinen unsympathischen Wohnungsnachbarn (alias meine »schwierige Person«) traf, spürte ich vielleicht nicht explizit *Liebe*, aber eine Art Mitgefühl, die meine Feindseligkeit abmilderte. Das Mantra »mögest du frei von Leiden sein« half mir zu sehen, dass er tatsächlich einen Schmerz empfand, was sein kurz angebundenes, mürrisches Verhalten erklärte.

Ich weiß, dass mich die Meditation der liebenden Güte ruhiger und mitfühlender macht. Fredricksons Forschungsarbeit zeigt, dass sich durch diese Meditation tatsächlich die chemischen Vorgänge im Körper verändern können: Bei denjenigen, die sie etwas weniger als eine Stunde pro Woche praktizierten, fand sich ein deutlich erhöhter Tonus des Nervs, der das Gehirn mit dem Herzen verbindet. Dieser sogenannte Vagusnerv koordiniert die Liebeserfahrung und unterstützt die Fähigkeit, zu lächeln, Blickkontakt herzustellen und aufmerksam zuzuhören.

Fredricksons Arbeit konzentriert sich auf die Verbindungen zwischen Menschen, aber wenn man alleinstehend ist, gibt es natürlich auch viele Augenblicke der Einsamkeit, in denen nicht einmal eine Verkäuferin die warmherzigen Wünsche entgegennehmen kann. In diesen Augenblicken verliebte ich mich in die Art, wie das Licht in der Abenddämmerung auf die Bäume in meiner Nachbarschaft fiel, oder das Pfeifen eines in der Ferne vorbeifahrenden Zugs.

Jetzt, da ich mit Mark zusammen bin, weiß ich all das immer noch zu schätzen, aber es ist weniger intensiv. Wenn man in einer Paarbeziehung lebt, haben Gedanken an Freunde, Bekannte und Fremde weniger Raum. Mit einem Quell der Liebe und Zuneigung für einen Menschen (wenn wir Kinder hätten, drei oder vier Menschen) durch die Welt zu gehen, hat etwas Wohliges, aber es kann auch ein ziemlich geschlossener Kreislauf aus ich-du-ich-du sein.

Bei meiner Meditationsarbeit kommt es mir oft so vor, als ob ich ein Gefühl wieder einzufangen versuchte, das mir leichter fiel, als ich allein war – als die Energie sich noch bis zum Horizont ausdehnte und das, was ich zurückbekam, subtiler war als die konkreten Belohnungen des Paardaseins.

Ich habe mich schwergetan mit diesem Konzept – dem unbeschreiblichen Gefühl der Verbundenheit, das man spürt, wenn man allein ist, das man aber weitgehend verliert, wenn man sein Leben mit einem anderen Menschen teilt. Die Singles, gegenüber denen ich es erwähnte, nickten langsam, während ich davon sprach – sie hatten dem nichts Verbales hinzuzufügen, aber sie wussten, was ich meinte. Meine (verheiratete) Freundin Bethany bemerkte den Unterschied auf der anderen Seite der Gleichung und erwähnte eine alleinstehende Freundin, auf die sie sich mehr freut als auf jede andere. Die Abende mit Julia, erzählte sie, hätten beinahe etwas Romantisches, weil Julia (ihr echter Name!) ihr eine so ungeteilte Aufmerksamkeit schenke.

»Ich glaube, dass jeder ein gewisses Maß an Reserven hat, und wenn man den größten Teil seiner Energie den Menschen gibt, mit denen man zusammenlebt, bleibt nicht mehr so viel für andere übrig«, meinte Bethany.

Mir ist klar, dass man durch das Alleinsein nicht automatisch zum Mystiker wird. Wie ich in einem beschämenden Maß erleben durfte, gibt es auch viele Augenblicke des Rückzugs, des Sich-Zusammenrollens in einer Schale des Ich-ich-ich. Und natürlich können Paare aus ihrer häuslichen Blase heraustreten. Der Unterschied besteht darin, dass man als Single keine Blase hat, die aufplatzen könnte, jedenfalls keine, die auch nur annähernd so stabil wäre. Da gibt es nur einen selbst und den endlos weiten Raum.

Es geht mir nicht darum, einen Wettbewerb um die tiefere Spiritualität zu inszenieren – natürlich bieten auch intime Beziehungen Gelegenheiten für spirituelles Wachstum. Aber in einer Welt, die eine 41-jährige alleinstehende Frau wie einen Teenager behandelt, der nicht zum Abschlussball eingeladen wurde, halte ich es für extrem wichtig, die einzigartige Weisheit des Singledaseins zu würdigen, eine Weisheit, die sich langsam im Lauf der Jahre entwickelt und die sich beispielsweise grundlegend von der Weisheit einer Frau unterscheidet, die gerade mal mit 26 zwischen zwei Beziehungen ein Jahr lang allein gelebt hat.

Wenn man sich jahrein, jahraus der Herausforderung des Alleinseins stellt, kommt einem leicht die Frage in den Sinn: »Was wissen alle anderen, das ich nicht weiß?«. Ich schlage vor, diese Frage umzudrehen.

25
Du bist scheiße

Die Geschichte ist bekannt: Mama schreibt einen selbstgefälligen Blogbeitrag über das Elterndasein und weckt den Zorn der Internet-Gemeinde.

Der berüchtigte Artikel war ein offener Brief an eine (wie sich herausstellte) fiktive Freundin namens Doris, die die schlimmsten Stereotypen in Bezug auf kinderlose alleinstehende Frauen verkörperte – ahnungslos, egozentrisch, ständig mit ihrem Handy beschäftigt. »Wenn Sie Mutter sind, kennen Sie Doris. Sie ist Mitte dreißig und hält sich selbst für eine Karrierefrau. Sie weiß, dass die Uhr tickt. Sie behauptet, dass sie noch nicht in Panik sei, aber wir wissen es besser – sie ist kurz vor dem Ausrasten … Manchmal erinnert mich Doris an mein Vorschulkind – ›Was ist, wenn ich morgen krank werde und nicht zur Schule gehen kann und niemals Lesen lerne?‹. Und manchmal erinnert sie mich an meine Zwillinge im Kleinkindalter, die immer das Spielzeug wollen, das der andere gerade hat.«

Schrecklich, nicht wahr? So schlimm war der ganze Artikel – einfach nur atemberaubend bösartig und herablassend. Und so griffen die Dorfbewohner zu ihren Laptops, machten Hackfleisch aus der Autorin und brandmarkten sie als überheblich. (Unter den Kommentaren fanden sich auch ein paar ausgesprochen weise und gedankenreiche Einlassungen, aber das machte die Gesamtwirkung nur noch vernichtender.)

Dann geschah etwas Unerwartetes: Die Autorin entschuldigte sich. Sie las die kritischen Beiträge tatsächlich, übernahm die Verantwortung für die Empörung, die sie ausgelöst hatte, und gab (gewissermaßen) zu, dass ihre Bissigkeit auf Unsicherheit beruhe. »Einige der Kommentatoren haben recht. Es gefällt mir zwar, unkonventionelle Arbeitszeiten zu haben, sodass ich jederzeit alles stehen und liegen lassen kann, wenn meine Kinder mich brauchen, aber es passt mir überhaupt nicht, mich dafür verurteilt zu fühlen, dass ich meine Kinder an die erste Stelle setze. Aber das gibt mir natürlich nicht das Recht, andere Leute anzugreifen.«

Das war eine eindrucksvolle Demonstration ehrlicher Selbstreflexion und Demut, die allerdings auch zeigte, wovor die Autorin zurückschreckte – man beachte nur diese merkwürdige, objektlose Satzkonstruktion (»es passt mir überhaupt nicht, mich dafür verurteilt zu fühlen«) in Kombination mit der unpersönlichen Schuldzuweisung (diese schrecklichen Leute, die es für falsch halten, seine Kinder an die erste Stelle zu setzen!).

Ich nenne dieses Beispiel nicht, um jemanden zu kritisieren, der sowieso schon völlig pulverisiert wurde, sondern weil es das

Gemisch aus Ressentiments und Verurteilung verdeutlicht, das den Diskurs moderner Frauen oft kennzeichnet.

Wir fühlen uns verletzt. Wir fühlen uns verurteilt. Und gehen damit um, indem wir die Giftpfeile zurückwerfen. *Na klar, das Singledasein ist schwer, aber wenigstens bin ich nicht so wie Sally da drüben, die unter ihrer unglücklichen Ehe leidet. Sie ist diejenige, die sich wie ein Loser fühlen sollte.*

Den Drang, die eigenen Lebensentscheidungen zu verteidigen, haben anscheinend die meisten von uns. Bei einer unter der Leitung der Psychologieprofessorin Kristin Laurin von der Stanford University durchgeführten Studienreihe zeigte sich, dass Menschen, die davon ausgingen, dass sich ihr Beziehungsstatus mit großer Wahrscheinlichkeit nicht mehr ändern werde (sowohl Singles als auch Verheiratete), diesen Status idealisierten und eine Präferenz für Menschen zeigten, die denselben Status hatten.

»Wenn es um unseren Beziehungsstatus geht, geben wir uns selten damit zufrieden, einfach nur zu sagen: ›das Singledasein funktioniert für mich‹ oder ›in einer Beziehung zu sein, entspricht meiner Veranlagung‹«, schrieben die Autoren in einem Artikel mit dem Titel »The Way I Am Is the Way You Ought to Be (Wie ich bin, solltest du auch sein)« in der Zeitschrift *Psychological Science*. Die Wissenschaftler stellten die These auf, dass unser Bedürfnis, unsere Entscheidungen zu verteidigen, uns dazu zwingt, unseren eigenen Status als allgemeines Ideal zu sehen und demzufolge auf diejenigen, die einen anderen Weg einschlagen, herabzusehen.

Aber wie unsere arme Bloggerin feststellen musste, lindert es den Schmerz nicht, wenn man seine Unsicherheiten auf andere abwälzt – es bringt nur noch mehr Schmerz in die Welt, und ich glaube, dass wir uns darin einig sind, dass es davon schon genug gibt.

Aber wenn ich Liebe und Licht befördern möchte, warum habe ich dann diesem Buch die ärgerlichen und herablassenden Äußerungen gegenüber Singles zugrunde gelegt? Ehrlich gesagt, basiert die ursprüngliche Idee auf meiner eigenen aufgestauten Bitterkeit. Um es mit den Worten der überheblichen Mama zu sagen: Es passte mir überhaupt nicht, mich dafür verurteilt zu fühlen, dass ich meinen Instinkten vertraute.

Aber noch wichtiger war Folgendes: Nachdem ich erkannt hatte, wie dumm diese endlose Liste (Ich bin zu unsicher, zu eigensinnig etc.) war, fühlte ich mich davon befreit. Sobald ich mich selbst davon überzeugt hatte, dass mit mir alles in Ordnung war, musste ich es anderen nicht mehr beweisen, was wiederum einen netteren Menschen aus mir machte.

Die Menschen in unserem Leben verstehen entweder, welchen Weg wir hinter uns haben, oder sie verstehen es nicht. Es ist nicht unsere Aufgabe, sie davon zu überzeugen, dass wir glücklich oder legitime Erwachsene sind. Es ist auch nicht unsere Aufgabe herauszufinden, ob die wahrgenommene Selbstzufriedenheit eines anderen Menschen auf echter Zufriedenheit oder auf Unsicherheit beruht. Unsere Aufgabe ist es, für uns selbst so zu sorgen, dass wir anderen dort begegnen können, wo sie gerade stehen.

Es wird immer wieder eine selbstgefällige Kollegin geben oder einen Zeitschriftenartikel, in dem Singlefrauen gesagt wird, dass ihnen die Zeit davonläuft, oder einen Kulturkritiker, der einen weiteren kalkulierten Shitstorm provoziert.

Es wird nie aufhören. Aber erinnern wir uns an den vielzitierten Ausspruch von Eleanor Roosevelt: »Niemand kann dir ohne deine Zustimmung ein Gefühl der Unterlegenheit geben.« Wir kennen diesen Satz von Kaffeetassen und bestickten Kissen, aber wie viele von uns beherzigen ihn wirklich? Es ist so viel einfacher, den Menschen, der uns das Gefühl gibt, eine schlechte Mutter oder oberflächliche Karrierefrau zu sein, niederzumachen, als sich auf die Sache mit der »Zustimmung« zu konzentrieren.

Noch einmal: Man muss kein ausgeprägtes Selbstwertgefühl haben oder »mit sich ins Reine kommen«, um eine Beziehung eingehen zu können – viele Menschen in glücklichen Beziehungen sind von Selbstzweifeln geplagt. Aber ich bin davon überzeugt, dass unsere Gesellschaft ein weitaus freundlicherer Ort wäre, wenn wir alle lernen würden, uns unseren Unsicherheiten zu stellen und das Lifestyle-Wettrüsten zu beenden.

Eine Schauspiellehrerin sagte mir einmal, dass es mich nicht weiter beunruhigen würde, wenn sie behaupten würde, dass ich eine Psychopathin sei. Da ich ja wüsste, dass ich kein herzloses Monster bin, würde die Beleidigung nicht an mir hängenbleiben. Die Beschuldigungen, die hängenbleiben, sind diejenigen, denen wir zumindest teilweise Glauben schenken – oder die wir einfach selbst erfinden.

Zu oberflächlich.

Zu unreif.

Zu unattraktiv.

Einfach grundsätzlich nicht liebenswert.

Wir regen uns auf, wenn andere zu diesen Schlussfolgerungen gelangen, aber wir wissen alle, wer der strengste Richter ist. Hier ein weiterer buddhistischer Ausspruch, den ich nützlich finde: »Wenn deine Dämonen kommen, dann biete ihnen ein Stück Kuchen an.« Statt zu versuchen, uns selbst zu rechtfertigen oder jemand anderen ins Unrecht zu setzen, um selbst besser dazustehen, sollten wir versuchen, etwas völlig Kontraintuitives zu tun: die Dämonen willkommen zu heißen. Den tiefen, dunklen Gefühlen in Bezug auf uns selbst Raum zum Atmen zu geben.

Wohlgemerkt, ich will damit nicht sagen, dass wir uns selbst niedermachen sollen, denn dadurch würden die negativen Gedanken nur noch verstärkt. Stattdessen sollten wir den Verstand außen vor lassen und die Gefühle zulassen, gegen die wir uns zur Wehr gesetzt haben. Wir sollten mit diesen Gefühlen umgehen, als ob sie Teil eines wissenschaftlichen Experiments wären. Darauf achten, was in unserem Körper geschieht. Fühlen wir uns schwer, als ob unsere Muskeln mit Sand gefüllt wären? Spüren wir einen Knoten in der Brust? Krampft sich unser Magen zusammen? All das lassen wir einfach geschehen und beobachten es.

Normalerweise behandeln wir schwierige Gefühle wie einen Richter oder Chef – wie eine Strafe für eine schlimme Tat, die wir begangen haben. Wenn wir die Gefühle hinter den Urteilen nicht mehr fürchten, dann sind *wir* der Chef. Dann können wir die verärgerte Sekretärin in unser Büro bitten und über uns schimpfen lassen, solange sie will. Ihre Bemerkungen verletzen uns vielleicht, und manche sind vielleicht sogar zutreffend. Aber sie vereinnahmen uns nicht völlig. Weil wir in der Machtposition sind, können wir sie bis zu Ende anhören, ohne ihr alles zu glauben. Wir können einen Schritt zurücktreten und sagen: »Es ist wahr, dass ich auf Partys unsicher bin und meine Oberschenkel hasse, aber ich glaube nicht, dass ich deswegen nicht liebenswert bin.« Oder »Ja, ich werde ein wenig nervös, wenn ein Mann bei der dritten Verabredung anfängt, von Familiengründung zu reden, aber das ist eine ziemlich normale Reaktion darauf, dass jemand, den man kaum kennt, so weit in die Zukunft projiziert.«

Kristin Neff, die Selbstmitgefühl-Forscherin (und übrigens auch Buddhistin), sagt, dass Selbstmitgefühl nicht nur bedeutet, sich ein Eis zu kaufen, sondern zu akzeptieren, dass man ein normaler Mensch mit Fehlern ist. Darum fällt es Menschen, die über ein ausgeprägtes Selbstmitgefühl verfügen, leichter, ihre Unzulänglichkeiten hinzunehmen – sie bemühen sich nicht, besser als andere zu sein. Das macht es ihnen leichter, Verantwortung für ihre Fehler zu übernehmen. *Was ich gerade gesagt habe, war wirklich unsensibel. Sorry – ich war wohl ein wenig eifersüchtig.*

Die Dämonen speisen sich aus Widerstand, das heißt, wenn wir keine Angst vor ihnen haben – wenn wir sie einfach objektiv sehen und benennen können –, dann gibt es nichts, womit sie arbeiten können. Und wenn das geschieht, dann verabschieden sie sich ganz allmählich.

26
Du musst den Grund herausfinden

Eine der tiefgreifendsten Veränderungen, die ich seit meiner Heirat bemerkt habe, ist zugleich auch eine der subtilsten: Ich muss meinen Beziehungsstatus nicht mehr rechtfertigen.

Niemand fragt, warum ich verheiratet bin, obwohl die Frage genauso berechtigt wäre wie die Frage, warum jemand Single ist. Schließlich heiraten Menschen auch aus vielen anderen Gründen als aus reiner Liebe: aus Angst vor dem Alleinsein, aus dem Wunsch heraus, leibliche Kinder zu bekommen, wirtschaftlich abgesichert zu sein, einen bestimmten gesellschaftlichen Status zu haben, krankenversichert zu sein.

Mark und ich heirateten in unseren Vierzigern, sind nicht religiös (ich befasse mich zwar mit dem Buddhismus, bin aber keine Buddhistin), haben keine Kinder und lebten vier Jahre zusammen, bevor wir den Bundesstaat New York in die Sache einbezogen. Daher ist die Frage nach dem Warum in unserem Fall durchaus berechtigt. Aber niemand stellt sie. Wo es früher Fragen oder sanfte Hinweise in Bezug auf Karriereorientierung gab, herrscht jetzt nur noch süßes Schweigen.

Unter höflichen Menschen gilt die Frage nach dem Grund für die Heirat zweier Menschen als völlig unpassend. Singles gesteht man diese Privatsphäre nicht zu. Stattdessen werden die unhöflichen Fragen in Komplimente darüber verpackt, wie attraktiv und patent man sei. *Woran liegt es denn?*

Manchmal macht der Fragende nur Konversation oder gehört der älteren Generation an – allen Menschen über 75 kann man es durchgehen lassen –, aber manchmal hat man auch den Eindruck, dass Singles in einem bestimmten Alter bei vielen ein tiefes Unbehagen verursachen und dass diese Fragen auf demselben lieblosen Reflex basieren, der bei vielen Leuten auftritt, wenn sie von jemandes Krebsdiagnose erfahren. *Hat sie geraucht?*

Noch schlimmer ist es natürlich, wenn der Frager ein attraktiver Mann auf einer Party ist, besonders wenn er wie ein Berufsberater klingt, der sich nach einer Lücke im Lebenslauf erkundigt – *was wissen alle anderen, das ich nicht weiß?*

Und so antwortet die mutige Heldin mit einem frechen: »Leute, ich bin einfach glücklich so!«. Oder erklärt, dass sie tatsächlich wählerisch ist – *hast du ein Problem damit?* Der alte Spruch »Noch nicht den Richtigen getroffen« klingt zwar ziemlich neutral, aber selbst er kann onkelhafte Neckereien nach sich ziehen, die darauf abzielen, dass einem doch sicher einer der schmuckeren Trauzeugen aufgefallen sein müsste.

Es läuft darauf hinaus, dass man sich erklären muss. Dass man – sofern man nicht aus Überzeugung Single ist – besser eine Diagnose für die besorgten Gesprächspartner bereithalten sollte. Man hat die Aufgabe, ihnen zu versichern, dass man entweder a) daran arbeitet oder b) es absolut verdient hat, in dieser Situation zu sein. Darauf hinzuweisen, dass der Zufall oder die Umstände daran schuld sein könnten, wird nicht die gewünschte Wirkung erzielen – es sei denn, die gewünschte Wirkung besteht darin, als Heulsuse oder Opfer gesehen zu werden.

Die Antwort, die für mich am besten funktioniert hat, war diejenige, die ich dem Typen gab, der fragte, was mit mir nicht stimme (und, ehrlich gesagt, ist »Warum bist du noch Single?« nur eine etwas höflichere Variante dieser Frage): »Ich weiß es nicht.«

Die Kargheit dieser Antwort überraschte die Menschen wohl, weil ich mich weigerte, ihnen die Dreckarbeit abzunehmen – ihnen eine anomale Persönlichkeit zu liefern, die zu meiner anomalen Situation passte. Stattdessen gab ich das Unbehagen an den richtigen Empfänger zurück – jene Person, die die aufdringliche Frage gestellt hatte.

Damals war es mir nicht bewusst, aber ich beanspruchte das Privileg der Verheirateten für mich, nämlich das Recht, meine Lebensentscheidungen nicht gegenüber anderen zu rechtfertigen.

Warum ist man Single? Vielleicht gibt es viele Gründe dafür, vielleicht keinen einzigen. Die eigentliche Frage ist doch, warum Menschen, die man kaum kennt, sich so oft genötigt sehen, Antworten auf eine derart intime Frage zu verlangen.

27
Du wirst für immer allein bleiben

Melanie Notkin stand mit einer engen Freundin, einer verheirateten dreifachen Mutter, am Strand, als die Freundin das sagte, was viele andere wahrscheinlich schon gedacht hatten: Sie solle ein Baby bekommen.

Notkin hatte sich immer Kinder gewünscht, aber sie wollte sich auch verlieben und den Vater dieser Kinder heiraten. Leider war das noch nicht eingetreten. Notkin erklärte, dass sie keine alleinerziehende Mutter sein wolle, und das nicht nur, weil es unglaublich schwierig und stressig sein würde, sondern auch, weil sie befürchte, dass ihr dann keine Zeit und Energie für Verabredungen mit Männern bliebe. Sie wolle auf die Liebe warten.

»Ich will einfach nicht, dass du für den Rest deines Lebens allein bleibst«, sagte ihre Freundin.

»Aber das *ist* der Rest meines Lebens«, sagte Notkin. »Hier und jetzt. Das ist mein Leben.«

Es ist zwar nicht das, was sie geplant hatte, aber es ist ein tolles Leben. Notkin ist die Gründerin und Betreiberin von »Savvy Auntie« und erfreut sich einer blühenden Schriftstellerkarriere, eines großen Freundeskreises und natürlich vom Himmel gesandter Nichten und Neffen. Sie hofft immer noch, den einen besonderen Menschen zu treffen, aber sie sieht ihr Leben nicht mehr als Wartezeit bis zum Eintreten dieses Ereignisses.

Die Jugend ist eine Zeit des Strebens und der Vorbereitung auf »die Zukunft«. Man studiert eifrig, bringt übellaunigen Chefs Kaffee und knutscht mit Typen in dunklen Bars. Man macht Fehler, stochert im Dunkeln herum und findet allmählich heraus, wer man ist – oder schustert zumindest etwas zusammen, was man später »seine Persönlichkeit« nennen wird.

Die Heirat ist traditionsgemäß der Punkt im Leben, an dem man die Jugend für beendet erklärt. Man ist angekommen. Willkommen im Rest des Lebens.

Aber was ist, wenn dieser Tag Jahrzehnte später oder gar nicht kommt? Wann beginnt dann der »Rest des Lebens«?

Poster mit Sonnenaufgängen und taufeuchten Wiesen sagen uns, dass *heute* der Tag ist, aber manchmal fühlt es sich wirklich nicht so an. Heute fühlt sich ein bisschen zu sehr nach gestern und vorgestern an. Ja, man bringt niemandem mehr Kaffee – vielleicht hat man sogar selbst jemanden, der einem den Kaffee bringt. Die Wohnung ist wahrscheinlich schöner. Vielleicht kauft man nicht mehr bei H&M ein und hat sich endlich ein schönes Porzellanservice zugelegt.

Aber diese Dinge sind wahrscheinlich im Laufe der Zeit passiert. Anders als beim Heiraten, wo Verwandte, Partys, Haushaltsgeräte, neue Adressen und dicht gewebte Laken alle mehr oder weniger gleichzeitig in unser Leben treten. Die Heirat vermittelt ein deutliches Gefühl von Vorher und Nachher, und natürlich gibt es kaum etwas, das einem das Verstreichen der Zeit so deutlich macht wie Kinder, die ständig zu etwas Größerem und Komplexerem mutieren.

Zu den schwierigsten Aspekten des kinderlosen Singledaseins gehört die Tatsache, dass die Zeit fließender und konturloser ist – Monate, Jahre und selbst Jahrzehnte können nahtlos ineinander übergehen. Man hat nicht so sehr das Gefühl, auf einer Straße mit deutlich erkennbaren Kilometersteinen zu reisen, sondern eher auf einem weiten, offenen Feld unterwegs zu sein. In diesem losgelösten Zustand kann es sich leicht so anfühlen, als ob man jeden Moment davonschweben könnte, wenn man nicht wenigstens ein paar teuere Bratpfannen im Schrank hat.

Aber als ich Notkin dabei zuhörte, wie sie über ihr Leben sprach, wurde mir bewusst, wie sehr sie nach meinen buddhistischen Lehrern klang. Sie erklärte, dass sie jetzt, in den Vierzigern, das Ausgehen mit Männern viel mehr genieße, weil sie nicht in jede Verabredung auf eine Tasse Kaffee mit der schwerwiegenden Frage gehe: Ist er der Richtige? Sie hat gelernt, mit dem, was jede einzelne Verabredung darstellt, mitzuschwingen und sie ohne feste Vorstellungen, wie die Dinge laufen sollten, zu erleben.

»Wenn man im fortgeschritteneren Alter mit Männern ausgeht, dann freut man sich beinahe über die blauen Flecken und Verletzungen, die man davonträgt. Oh, er hat mich verärgert. Er hat eine Reaktion bei mir ausgelöst – wow!«, sagte sie.

Wie einer meiner Meditationslehrer sagen würde: Das zeugt von tiefer spiritueller Praxis. Das ist das große Geschenk des Singledaseins: Es versetzt einen mitten in die Gegenwart und führt einem die Realität vor Augen, dass das Leben viel weniger gefestigt ist, als wir normalerweise glauben.

Die Ehe kann die Illusion der Dauerhaftigkeit erzeugen. Das ist unser Leben, und es wird sich nicht verändern. Wir machen einen Plan für die nächsten zwanzig Jahre. Dadurch kann die verstörende Wahrheit verdeckt werden, dass nichts dauerhaft, nichts sicher ist. Der Boden unter unseren Füßen bewegt sich ständig.

Nachdem mein Artikel in der *New York Times* erschienen war, beklagte sich eine Kommentatorin darüber, dass ich erst am Ende damit herausgerückt sei, dass ich verheiratet sei. »Ich dachte, sie sei eine von uns«, schrieb sie.

»Ich *bin* eine von euch«, sagte ich zum Computer. Aber ich wusste auch, was sie meinte. In unserer Hochzeitsnacht hatte ich eine kleinere – aber nicht unangenehme – Identitätskrise. »Wer bin ich jetzt, da ich verheiratet bin?«, fragte ich Mark. »Ich bin *die alleinstehende Frau*. Das *bin* ich.«

Wir klammern uns an unseren Familienstand, als ob er ein

unveränderlicher Teil unserer Persönlichkeit sei. Die alleinstehende Frau! Mutter! Kinderlos und froh darüber!

Aber diese Identitäten verändern sich ständig. Singles heiraten, Ehen zerbrechen (oder verändern sich bis zur Unkenntlichkeit) und Mama – die Frau, die einst das Epizentrum unserer dringendsten Wünsche und Bedürfnisse war – wird zur netten alten Dame, die wir sonntags anrufen und zum Essen ausführen. (Eine nette alte Dame, die wir sehr lieben – hallo, Mama –, die aber irgendwann anfängt, von *uns* abhängig zu werden statt umgekehrt).

Wir sind immer im Fluss – selbst die Zellen in unserem Körper werden alle sieben Jahre komplett erneuert. Wir sind buchstäblich völlige andere Menschen als vor zehn Jahren.

Unter diesem Gesichtspunkt ist die Frage, wie man ein erfülltes Singleleben führen und gleichzeitig offen für eine langfristige Beziehung sein kann, absurd. Die Dinge so zu genießen, wie sie sind, und gleichzeitig auf eine Veränderung hinzuarbeiten, bedeutet nicht, ein zweitklassiges Leben zu führen. Es bedeutet, ein erfülltes Leben zu führen, in dem man das klar sieht, was die tibetischen Buddhisten »die Wahrheit der Vergänglichkeit« nennen.

Viele Menschen in Notkins Leben (insbesondere diejenigen, die ihre kulturell und biologisch zugewiesenen Fristen erreicht haben) verstehen das nicht ganz. »Die Menschen, die uns lieben und das Beste für uns wollen, sind manchmal nicht damit zufrieden, dass unser Leben nicht den vorgesehenen Verlauf nimmt«, sagte sie.

Aber das Beste daran, dass sie vierzig wurde, war laut ihrer Aussage die Tatsache, dass ihr Leben für die ihr nahestehenden Menschen so unergründlich geworden ist, dass die Kommentare aufgehört haben. »Das ist das Vierziger-Geschenk«, meinte sie. »Sie fangen im positiven Sinn an, einen aufzugeben. Jetzt bin ich die Fragen los.«

Fazit

Du bist schon angekommen

Ich lernte Dan kurz vor meinem zwanzigsten Klassentreffen kennen. Ich hatte sein nettes Bild und bescheidenes Profil online entdeckt, und nach der dritten Verabredung hatten sich meine Gefühle von »Äh, vielleicht« zu »Hey, ich mag diesen Typen wirklich« entwickelt.

Es war ein Wahljahr, und Dan hatte vor Kurzem mit Hilfe eines Garagenflohmarkts zusammen mit Freunden 1.800 Dollar für die Demokratische Partei beschafft. Das mochte ich an ihm – seine praktische Herangehensweise an politischen und ökologischen Aktivismus und die klare Sprache, mit der er sie beschrieb. »Das Problem bei der Umweltschutzbewegung ist, dass es immer darum geht, den Planeten zu retten, was viel zu abstrakt ist. Der Planet wird überleben. Was wir wirklich sagen müssen, ist ›Rettet die Menschen‹«, meinte er.

Ein netter, kluger Mann, dem das Schicksal der Menschheit am Herzen lag – je länger wir uns unterhielten, desto attraktiver fand ich ihn. Wir küssten uns auf der Vordertreppe seiner Wohnung in Brooklyn, und ich gab mich auf der Taxifahrt nach Hause der Vorstellung hin, dass sich endlich, endlich alles zum Guten wendete.

Mit diesem warmen Gefühl stand ich das Klassentreffen durch, bei dem ich einer von fünf unverheirateten Teilnehmern war. Die Unterhaltungen kreisten um die zu erwartenden Themen. Meine ehemaligen Mitschüler erzählten mir von ihren Familienurlauben und den außerschulischen Aktivitäten ihrer Kinder, und ich berichtete über mein Leben als Autorin in der Großstadt. Ich fühlte mich wegen meines Singlestatus etwas befangen, hielt mich aber ganz tapfer, während die Leute um mich herum Kinderbilder austauschten und über die städtischen Richtlinien in Bezug auf Schulabschlussbälle sprachen (Schulabschlussbälle! So alt waren ihre Kinder schon!). Das war, wie meine Lehrer es nannten, *die Praxis* – nicht auf einem Kissen sitzend, sondern sich den Widerständen stellend, wo immer sie auftraten. Und überhaupt würde ich ja bald in mein wirkliches Leben zurückkehren, in dem es nicht so ungewöhnlich war, mit 38 noch Single zu sein. Bald würde ich wieder in Brooklyn sein, wo es einen süßen liberalen Mann gab, der mich küssen wollte.

Als ich nach Hause kam, schickte ich Dan eine E-Mail, in der ich schrieb, dass ich mich darauf freue, ihm von dem Klassentreffen zu berichten. Am nächsten Tag erhielt ich eine sehr freundliche Antwort, in der er mir erklärte, dass er ungefähr zum selben Zeitpunkt, als wir uns kennengelernt hatten, angefangen habe, mit einer anderen Frau auszugehen, und dass die Sache über das Wochenende »richtig in Fahrt gekommen« sei.

In derselben Woche starb meine Hündin Taffy.

Ich weinte tagelang. Ich weinte wegen Taffy und wegen Dan, aber hauptsächlich wegen des Zustands, in dem sich mein Leben befand. Ich war 38. Ich war in meine Heimatstadt gefahren und hatte erzählt, wie sich mein Leben entwickelt hatte. Und das war's.

Ich weiß nicht mehr, in wie vielen Nächten ich morgens um vier weinend aufgewacht bin oder wie oft ich beim Essen mit Freunden schweigend vor mich hin gestarrt habe und mich nicht trösten lassen wollte. Ich war allein. Ich würde immer allein sein. Und es machte keinen Unterschied, wie viele Bücher ich las oder wie viele Male ich die Yogahaltung des »Hundes« einnahm oder wie gut ich meine Freundschaften pflegte oder wie freundlich ich zu Fremden war. Nichts zählte.

Und natürlich dachte ich an sie, die Auserwählte. Dan hatte sie wahrscheinlich bei einer Antikriegsdemo oder bei einer Telefonhotline oder einer Umzugsparty kennengelernt. (Oh, Josh M. und Cara B., warum habe ich eure freundlichen Einladungen ausgeschlagen?) Vielleicht hatte er ihre Greenpeace-Petition unterschrieben. Vielleicht war sie mit Wechselgeld und Preisaufklebern beim Garagenflohmarkt aufgekreuzt, um auszuhelfen.

Somit hatte ich einen neuen Grund, mich zu hassen. Wie recht er doch hatte, diese Frau, diese *bessere* Frau, auszuwählen. Was hatte ich schon getan, um die Welt zu verbessern? Ein paar Freiwilligenprojekte, das war alles.

Ich verbrachte einige Wochen in dieser Wolke aus Trauer und Beschämung. Trotz gegenteiliger Belehrungen in meinen Yogakursen entwickelte ich aus meiner Enttäuschung eine umfangreiche These dazu, weshalb ich immer allein sein würde. Vielleicht würde ich jemand sein, mit dem man ausging, schlief oder ein paar Bierchen trank, aber niemand, den man je lieben würde, weil Liebe etwas für andere Frauen war, bessere Frauen, Frauen, die eine nicht mit Worten beschreibbare innere Qualität besaßen, die meiner grauen Seele fehlte.

Eines regnerischen Sonntagnachmittags befand ich mich mitten in diesem Gedankenstrom (ich stellte mir vor, wie Dan und die Auserwählte Schilder aufstellten und über Wählerstatistiken brüteten), als sich endlich mein weiseres Ich zu Wort meldete: *Wenn es dir unangenehm ist, nicht politisch aktiv zu sein, dann werde politisch aktiv.*

Schließlich unterschied sich der Grund, den ich für Dans Zurückweisung erfunden (ja, völlig aus dem Nichts heraus erdichtet) hatte, deutlich von meinen früheren Spekulationen. Damals konnte ich nicht viel daran ändern, dass ich nicht hübsch genug oder klug genug oder cool genug war. Aber »nicht engagiert genug«? Die Eintrittshürde war ungefähr so hoch wie ein Krockettörchen.

Und falls mein Gewissen aufgerüttelt worden war – na, um so besser. Schließlich sprach ich ständig über Politik, insbesondere über meine wachsende Sorge darüber, dass das bürgerschaftliche Engagement allmählich zum Erliegen kam. Warum verbrachte ich dann nicht mehr Zeit auf der Straße?

Da beschloss ich, etwas gleichermaßen Peinliches und Wunderbares zu tun: ihn nachzuahmen. Ich organisierte vor meinem Haus einen Garagenflohmarkt zur Beschaffung von Spenden für die Demokratische Partei. Natürlich hatte ich keine völlig reinen Motive. Ich stand immer noch unter dem Einfluss meiner Verliebtheit und machte diesen irrationalen Versuch, ihn zurückzugewinnen, obwohl ich genau wusste, dass es nicht funktionieren würde.

Aber letztlich dachte ich an diesem sonnigen Samstag im September kaum an Dan, während meine Freundin Jessica und ich vor dem Haus alte Klamotten und Taschenbücher verkauften. Das Geschäft blühte den ganzen Tag, während die Nachbarn auf ein Schwätzchen stehen blieben und für die gute Sache fröhlich überhöhte Preise zahlten. Nachdem ich den Erlös – sechshundert Dollar – online gespendet hatte, lud ich mich selbst zu einem Kaffee ein.

Das Café hatte einen kleinen Wasserfall, in den ich starrte, während ich an meinem Latte macchiato nippte. Das Rauschen vermischte sich mit dem Klappern von Besteck und leichter Jazzmusik. Das Gefühl, das ich dabei hatte, hätte ich zunächst nicht benennen können. Ich sah ungefähr zehn Minuten lang zu, wie das von hinten angestrahlte Wasser über die künstlichen Steine lief, bis mir plötzlich die Erleuchtung kam: *Oh, so fühlt es sich an, mit sich zufrieden zu sein.*

Nach all den Jahren, in denen ich mich durch den Schlamm gewühlt hatte, war ich endlich auf diesen kleinen Goldklumpen gestoßen – das Gute in mir. Nach all den Protesten – »Ich bin *nicht* zu wählerisch«, »Ich habe *keine* Bindungsangst« – war ich dort angekommen, wo keine der Listen und keiner der Gründe noch eine Bedeutung hatte, nämlich bei der Erkenntnis: *Ich bin so gut wie alle anderen.*

Ob ich einen Partner fand oder nicht – ich war im Grunde gut, war es immer gewesen. Ich war es nicht, weil ich attraktiv oder begabt oder etwas Besonderes war. Ich war es nicht, weil ich mich weiterentwickelt hatte. Ich war es, weil ich ein Mensch war. Mehr nicht.

Die Welt sagt uns nicht, dass wir im Grunde in Ordnung sind. Sie sagt uns: *Du bist fast da, Schatz. Da sind nur noch diese ein oder zwei oder achtzehntausend Dinge, die verbessert werden müssen.* Dein besseres Ich wartet hinter der nächsten Ecke – schau sie dir an in diesem Cabrio, mit ihren honigblonden Strähnchen. Schau, wie sie die PowerPoint-Präsentation meistert. Oder in ihrer modernen Küche (Granit und Edelstahl!) einen Salat zaubert. Und wer ist der geheimnisvolle Mann, der von hinten an sie herantritt und sie auf die Schläfe küsst und ihr eine Perlenkette umlegt? Nur zu, drück deine Nase an das Fenster und schau dir die Frau genau an, die du sein könntest, wenn du dich einfach mal *am Riemen reißen* würdest.

Und doch schaffen wir es nie. Das perfekte Ich ist uns – mit schwingender Aktentasche – immer ein paar Schritte voraus.

Der Flohmarkt hat mein Selbstbild nicht verändert: Das hat sich über die Jahre hinweg im Stillen abgespielt, in einem Prozess, der so langsam und mühsam war wie das Erklimmen des gottverdammten StepMill im Fitnessstudio. Gedanken wahrnehmen, in den Schmerz hineinatmen. Gedanken wahrnehmen, in den Schmerz hineinatmen. Gedanken wahrnehmen, in den Schmerz hineinatmen.

Man muss nicht unbedingt so vorsätzlich an die Sache herangehen. Ich glaube, dass das Singledasein an sich genug hartes Training mit sich bringt, um jedermanns Psyche in Kampfform zu bringen.

Wir kommen über diesen Mann hinweg und dann über den nächsten. Wir schreiben fünf Leuten online und hören von keinem etwas. Wir sagen diesem äußerst netten Unternehmensberater: »Ich glaube, wir passen nicht zusammen.«

Wir gehen allein zur Hochzeit unserer Nichte, wo wir ganz aufrecht dasitzen und nette Dinge über die Bilder der Kinder anderer Leute sagen. Drei Jahre später gehen wir zu ihrer Babyparty und die Cousine fragt, ob es »jemand Besonderen in unserem Leben gibt«. Und während wir die Möglichkeit ins Auge fassen zu sagen: »Ja, es gibt viele besondere Menschen in meinem Leben – dich zum Beispiel!«, wissen wir natürlich, das sie das nicht gemeint hat, und darum sagen wir lächelnd: »Im Augenblick nicht.«

Wir hatten einen miesen Tag im Büro und wünschen uns flüchtig, dass es jemanden gäbe, der uns die Füße reibt und sich unsere Tiraden anhört. Aber den gibt es nicht, darum lassen wir uns ein Bad ein.

Wir überwinden die Widerstände und wahren bei allen Demütigungen Haltung. Und eines Tages stellen wir fest, dass wir eine Stärke besitzen, von der wir bislang gar nichts wussten.

Wenn das eintritt, bemerkt es oft niemand – vielleicht nicht einmal wir selbst. Wir erleben eine Kränkung oder haben Liebeskummer. Bei einer Dinnerparty werden wir von einem Mann angebaggert, der alt genug ist, um unser Großvater zu sein. Eine zehn Jahre jüngere Frau hadert in unserer Gegenwart damit, dass ihre biologische Uhr tickt. Unser süßer Tischnachbar schaut ganz entsetzt drein, als wir an einen allzu lang zurückliegenden olympischen Augenblick erinnern. *Moment mal – da warst du schon geboren?*

Es ist die Art von Erfahrung, nach der wir früher völlig niedergeschmettert waren. Aber an diesem Abend … sind wir es nicht. Wir nehmen noch einen Bissen Krabbensoufflé und die ganze Sache löst sich in Wohlgefallen auf und schwebt mit den Staubkörnern davon. Wir wenden uns unserer anderen Tischnachbarin zu und fragen sie, wie das Immobiliengeschäft läuft.

Nichts ist passiert, und doch hat sich alles verändert.

Wir stehen auf dieser wunderschönen Lichtung; auf einer Wiese, auf der hohes Gras wogt; am Ufer, wo sich der Nebel über dem rauschenden Fluss lichtet; dem Berggipfel, wo Bussarde über uns kreisen; der Dachterrasse, unter der die Großstadt pulsiert.

Wir genießen unser Leben, sind »mit uns im Einklang«. Und trotzdem warten wir immer noch auf diesen bedeutungsvollen Augenblick. *Hallo, ist dieser Platz noch frei?*

Ich habe nie gelernt, dieses Gefühl zu vertreiben, diesen leisen Schmerz in meiner Brust zu lindern. Ich habe nur gelernt, ihn zuzulassen, wie einen flüchtigen Schatten, der kommt und geht.

Was dann

Ich habe einmal an einem Meditationskurs teilgenommen, in dem uns der Lehrer aufforderte, unsere Augen zu schließen und uns vorzustellen, dass wir auf dem Sterbebett lägen. »Denkt an all die Augenblicke in eurem Leben, für die ihr dankbar seid«, sagte er.

Klingt kitschig, aber nachdem man die letzte halbe Stunde damit zugebracht hat, dem eigenen Atmen zuzuhören, kann so etwas erhellend sein. Denn man denkt nicht unbedingt an die großen Ereignisse, wie die Abschlussfeier oder Reisen nach Paris. Stattdessen fällt einem ein, wie man mit acht Jahren im Hof nach alten Kronkorken gesucht hat oder wie man als Teenager mit seinen Kumpels auf dem Parkplatz rumhing und wässriges Bier trank und Kartoffelchips mit Barbecuegeschmack aß. Jene Augenblicke, für die man dankbar ist, sind oft nicht einmal besonders »schöne« Augenblicke – da gab es beispielsweise den kühlen Frühlingsabend, an dem man tief Luft holte, ein Café betrat und sagte: »Entschuldigung, sind Sie Rob?«

Als ich meine Singlejahre – das heißt, den größten Teil meines Lebens – durchging, dachte ich an den Abend, an dem ich bei einem Straßenfest ein paar Freunde traf und wir alle beschlossen, uns in einer Kneipe einen Tisch im Freien zu suchen und der Band zuzuhören. Ich dachte an eine Dinnerparty, zu der ich fünf Freundinnen eingeladen hatte, und bei der alle bis zwei Uhr morgens blieben und über ihre Arbeit und ihre Exfreunde herzogen und sich gegenseitig nachschenkten. Und ich dachte an den Silvesterabend, an dem ich durch ganz Manhattan spazierte und dabei Musik von »Spiritualized« hörte.

Glück gab es die ganze Zeit. Leider hatte ich so genaue Vorstellungen von der *Art* des Glücks, dass ich allzu oft schöne Erlebnisse ruinierte. Ich wollte die Art von Glück, die mir das Gefühl gab, normal zu sein. Ich wollte eine Liebesbeziehung und, ja, ich wollte auch die damit verbundene Sicherheit und den gesellschaftlichen Status.

Als jemand, der das nun hat, gebe ich zu, dass es keine Kleinigkeit ist. Mit Mark zusammen zu sein, bedeutet, ganze Aktenschränke voller Sorgen einzuäschern. Ich liebe mein Leben mit Mark, aber mir ist jetzt klar, dass mein Leben als Single genauso erfüllt war – es war immer erlebnisreich und schön.

Früher habe ich darüber geklagt, wie schwierig das Alleinreisen sei – niemand, der beim Koffer bleibt, während man eine Zeitschrift kauft. Das ist wohl wahr. Aber da ist auch die Stunde, die man an dem netten kleinen Espressostand verbringt und zusieht, wie die Flugzeuge am Himmel verblassen. Ich fand Wochenenden und Feiertage, an denen ich keine Pläne hatte, schrecklich. Aber diese nicht verplante Zeit bedeutete auch, dass ich zwei ganze Tage damit zubringen konnten, eine experimentelle Kurzgeschichte zu schreiben oder *Tess von d'Urbervilles* noch einmal zu lesen. Ich klagte darüber, dass es ewig dauerte, diesen *einen* Menschen zu finden, aber die unablässige Suche bedeutete auch, dass ich viele *andere* Menschen kennenlernte.

Es bedeutete, mit Suki und Jonathan durch Wyoming zu fahren und ehrfürchtig zu beobachten, wie die Landschaft alle dreißig Meilen zwischen Gebirge und Tundra und englischer Weidelandschaft wechselte.

Es bedeutete, an meinem 37. Geburtstag meinen Buchclub zum Hähnchenessen einzuladen und dann mit Daphne und Kristin in der Küche herumzuwirken, weil die anderen Gäste ein bisschen zu früh kamen.

Es bedeutete, mit Coleman und Janet um Mitternacht auf einer Bahnüberführung in Virginia zu stehen und zu erleben, wie die Brücke vibrierte und die Luft nach oben gesogen wurde, als der Güterzug vorbeidonnerte.

Es bedeutete, mit Scout die Wohnung zu tauschen und einen Monat lang in Seattle zu leben, nur um zu sehen, wie das ist.

Es bedeutete festzustellen, dass die netten Menschen in Cleveland überraschend freundlich reagieren, wenn man mit dem Klemmbrett unter dem Arm an ihrer Haustür klingelt, um sie daran zu erinnern, am Dienstag wählen zu gehen.

Es gab viele unbehagliche Gefühle, die mich dazu bewogen, diese Dinge zu tun – der Wunsch, Männer kennenzulernen, das Bedürfnis, mir selbst zu beweisen, dass ich dem Anspruch gerecht werde, eine Singlefrau mit einem aufregenden Leben zu sein.

Aber auch wenn diese Erfahrungen aus einem Unbehagen

heraus entstanden sind, gehörten sie zu den besten Erfahrungen meines Lebens. Als ich noch Single war, fuhr ich kreuz und quer durchs Land und versuchte, mein wahres Leben zu finden. Wieso merkte ich nicht, dass ich schon angekommen war?

Quellen und Literaturtipps

Alle Zitate im Buch wurden direkt aus dem englischen bzw. amerikanischen Original übersetzt. Hier sind, soweit vorhanden, die deutschen Ausgaben der zitierten Bücher aufgelistet.

Brené Brown: *Verletzlichkeit macht stark: Wie wir unsere Schutzmechanismen aufgeben und innerlich reich werden* (Kailash, 2013).

Oliver Burkeman: *The Antidote: Happiness for People Who Can't Stand Positive Thinking* (Faber and Faber, 2012).

John T. Cacioppo und William H. Patrick: *Einsamkeit: Woher sie kommt, was sie bewirkt, wie man ihr entrinnt* (Spektrum Akademischer Verlag, 2011).

Sasha Cagen: *Quirkyalone: Singles aus Leidenschaft* (Kabel, 2005).

Pema Chödrön: *Es ist nie zu spät: Ein aktueller Reiseführer für den Weg des Bodhisattva* (Arbor, 2007)

Pema Chödrön: *Die Weisheit der Ausweglosigkeit* (Arbor, 2012).

Gail Collins: *When Everything Changed: The Amazing Journey of Women from 1960 to the Present* (Little, Brown, 2009).

Stephanie Coontz: *In schlechten wie in guten Tagen: Die Ehe – eine Liebesgeschichte* (Lübbe, 2006) und *A Strange Stirring: The Feminine Mystique and American Women at the Dawn of the 1960s* (Basic, 2010).

Mihaly Csikszentmihalyi: *Flow: Das Geheimnis des Glücks* (Klett-Cotta, 2014).

Bella DePaulo: *Singlism: What It Is, Why It Matters, and How to Stop It* (DoubleDoor, 2011) und *Singled Out: How Singles Are Stereotyped, Stigmatized, and Ignored, and Still Live Happily Ever After* (St. Martin's Griffin, 2006).

Barbara L. Fredrickson: *Die Macht der Liebe: Ein neuer Blick auf das größte Gefühl* (Campus, 2014).

John M. Gottman und Nan Silver: *Die 7 Geheimnisse der glücklichen Ehe* (Ullstein, 2014).

Zoë Heller: *Tagebuch einer Verführung* (Goldmann, 2007).

Betsy Israel: *Bachelor Girl: The Secret History of Single Women in the Twentieth Century* (William Morrow, 2002).

Eric Klinenberg: *Going Solo: The Extraordinary Rise and Surprising Appeal of Living Alone* (Penguin, 2012).

Amir Levine und Rachel S. F. Heller: *Wer bist du, wenn du liebst?: Beziehungstypen entschlüsselt – ein praktischer Leitfaden für eine glückliche Partnerschaft* (Kailash, 2011). Rachel Machachek: *The Science of Single* (Riverhead, 2011).

Samhita Mukhopadhyay: *Outdated: Why Dating Is Ruining Your Love Life* (Seal, 2011).

Kristin Neff: *Selbstmitgefühl: Wie wir uns mit unseren Schwächen versöhnen und uns selbst der beste Freund werden* (Kailash, 2012).

Melanie Notkin: *Savvy Auntie: The Ultimate Guide for Cool Aunts, Great-Aunts, Godmothers, and All Women Who Love Kids* (William Morrow, 2011). (Und schauen Sie sich auch ihr neues Buch, *Otherhood*, an!)

Tara Parker-Pope: *In guten wie in schlechten Tagen: Die Ehe – eine Wissenschaft* (rororo, 2011).

Susan Piver: *Die Weisheit eines gebrochenen Herzens: Wie wir gestärkt aus Liebeskummer hervorgehen* (Arbor, 2012).

Sara Elizabeth Richards: *Motherhood, Rescheduled: The New Frontier of Egg Freezing and the Women Who Tried It* (Simon & Schuster, 2013).

Mari Ruti: *The Case for Falling in Love? Why We Can't Master the Madness of Love - and Why That's the Best Part* (Sourcebooks Casablanca, 2011).

Chögyam Trungpa: *Achtsamkeit, Meditation und Psychotherapie: Einführung in die buddhistische Psychologie* (Arbor, 2006); *Erziehung des Herzens: Buddhistisches Geistestraining als Weg zu Liebe und Mitgefühl* (Arbor, 2000) und *Das Buch vom meditativen Leben* (Knaur, 2012).

Christine B. Whelan: *Why Smart Men Marry Smart Women* (Simon & Schuster, 2006) und *Marry Smart: The Intelligent Woman's Guide to True Love* (Simon & Schuster, 2009).

Zitierte Artikel und Studien

American Society for Reproductive Medicine: »Fertility Experts Issue New Report on Egg Freezing. ASRM Lifts Experimental Label from Technique«, 22. Okt. 2012.

Lisa Arnold und Christina Campbell: »The High Price of Being Single in America«, The Atlantic.com, 14. Jan. 2013.

Olivia Barker: »Singled Out by Society's Stare«, *USA Today*, 13. Feb. 2005.

Oliver Burkeman: »The Power of Negative Thinking«, *New York Times*, 4. Aug. 2012.

Bureau of Labor Statistics: »Spotlight on Statistics: Women at Work«, März 2011.

Ewen Callaway: »Fathers Bequeath More Mutations as They Age«, *Nature*, 22. Aug. 2012.

John T. Cacioppo, Stephanie Cacioppo, Gian C. Gonzaga, Elizabeth L. Ogburn und Tyler J. VanderWeele: »Marital Satisfaction and Break-ups Differ Across On-line and Off-line Meeting Venues«, *Proceedings of the National Academy of Sciences*, Juni 2013.

Elizabeth Cohen: »Freezing Your Eggs: The Costs and Other Realities«, CNN, 6. Okt. 2011.

Paula England und Jonathan Bearak: »Women's Education and Their Likelihood of Marriage: A Historic Reversal«, Fact Sheet for Council on Contemporary Families, 11. April 2012.

Naomi Gerstel und Natalia Sarkisian: »Marriage: The Good, the

Bad, and the Greedy«, *Contexts*, Herbst 2006, und »Single and Unmarried Americans as Family and Community Members«, Fact Sheet for Council on Contemporary Families, 15. Sept. 2011.

Eric Klinenberg: »Solo Nation: American Consumers Stay Single«, *Fortune*, 25. Jan. 2012.

Kristin Laurin, David Kille und Richard Eilbach: »The Way I Am Is the Way You Ought to Be,« *Psychological Science*, 26. Juni 2013.

Leslie Mann: »Women Say 'I Do' to Education, Then Marriage«, *Chicago Tribune*, 2. Mai 2012.

Melanie Notkin: »Why I Choose Love Over Motherhood,« *Huffington Post*, 21. Aug. 2012.

Pew Research Social & Demographic Trends: »Barely Half of U.S. Adults Are Married – A Record Low«, 14. Dez. 2011.

Michael J. Rosenfeld und Thomas J. Reuben: »Searching for a Mate: The Rise of Internet as a Social Intermediary«, *American Sociological Review*, 2012.

Dana Rotz: »Why Have Divorce Rates Fallen? The Role of Women's Age at Marriage«, 20. Dez. 2011. Derzeit überprüfte Arbeit.

David Sbarra, Adriel Boals, Ashley Mason, Grace Larson und Matthias Mehl: »Expressive Writing Can Impede Emotional Recovery Following Marital Separation«, *Clinical Psychological Science*, 15. Feb. 2013.

Sue Shellenbarger: »Single and Stepping Off the Fast Track«, *Wall Street Journal*, 23. Mai 2012.

Betsey Stevenson und Justin Wolfers: »Divorced from Reality«, *New York Times*, 29. Sept. 2007.

Starter-Kit Buddhismus

Es gibt viele tolle Orte, um Meditation zu lernen oder buddhistische Lehren zu studieren – vom Yogastudio in der Nachbarschaft bis hin zum Zen-Zentrum. Ich praktiziere eine Variante des tibetischen Buddhismus namens Shambhala, von der es Zentren in vielen größeren Städten gibt (Shambhala.org). Auch die von Sharon Salzberg gegründeten Insight Meditation Centers sind sehr beliebt (dharma.org).

In den meisten Meditationszentren finden öffentliche Vorträge statt, durch die man herausfinden kann, was zu einem passt. Wenn Sie an einem Ort leben, an dem Yoga- und Meditationszentren dünn gesät oder überhaupt nicht vorhanden sind, schauen Sie sich Susan Pivers Open Heart Projekt an: susanpiver.com/open-heart-project. Susan ist eine wunderbare Lehrerin, die Online-Meditationskurse anbietet. Außerdem gibt es Retreat-Zentren, in denen Sie Wochen- oder Wochenendkurse besuchen können. Ich selbst bevorzuge die Sky Lake Lodge in Rosendale, New York.

Bevor ich je ein Meditationszentrum oder buddhistisches Zentrum betrat, las ich Bücher zu diesem Thema. Hier einige meiner buddhistischen Lieblingsautoren:

Pema Chödrön: Klug, humorvoll, mitfühlend und weise. Ich schenke ihre Bücher Freunden, die gerade eine schwierige Phase durchmachen, und lese sie selbst wieder, wenn ich niedergeschlagen bin. Ich fing mit *Die Weisheit der Ausweglosigkeit* (Arbor, 2012) und *Wenn alles zusammenbricht: Hilfestellung für schwierige Zeiten* (Goldmann, 2001) an, aber sie sind eigentlich alle großartig.

Tara Brach: *Mit dem Herzen eines Buddha: Heilende Wege zu Selbstakzeptanz und Lebensfreude* (O. W. Barth, 2013).
Mark Epstein: *Going to Pieces Without Falling Apart* (Broadway, 1999).
Steve Hagen: *Buddhismus kurz und bündig: Prinzipien und Praxis* (Goldmann, 2000).
Sakyong Mipham: *Wie der weite Raum: Die Kraft der Meditation* (dtv, 2005) und *Den Alltag erleuchten: Die vier buddhistischen Königswege* (dtv, 2007)
Sharon Salzberg: *Metta Meditation – Buddhas revolutionärer Weg zum Glück. Geborgen im Sein* (Arbor, 2003)

Dank

Ich hatte das große Glück, die kluge und einfühlsame Meg Leder als Lektorin zu haben. Meg half mir von Anfang an, diesem Buch Gestalt zu geben, und ihre Anmerkungen und Vorschläge trugen während des gesamten Prozesses dazu bei, ein sehr viel besseres Buch daraus werden zu lassen. Ich danke auch den anderen Mitarbeitern im Perigee-Team, die sich die Zeit genommen haben, sich mit mir zu treffen und sich meine Arbeit anzuschauen. Mein besonderer Dank gilt John Duff, Marian Lizzi, Jeanette Shaw, Lisa Amoroso und Lindsay Boggs.

Meine Agentin, Gail Hochman, war die erste Fürsprecherin dieses Buches – sie ist eine wunderbare Agentin und ein toller Mensch. Dasselbe gilt auch für Jody Klein.

Einen Riesendank an meine Leserinnen Meghan Daum, Caitlin Dixon, Mary O'Connell, Kris Puopolo und Michele Suchomel-Casey. Sowie an Bethany Lyttle, Paul Braverman, Marialisa Calta, Daphne Michelle Goodman, Paula Kamen, David Kidd, Suki Kim, Helene Stapinski und Nancy Woodruff für ihre Ratschläge zu Überschriften, Struktur und anderen buchspezifischen Aspekten.

Beim Schreiben dieses Buches habe ich mit vielen Menschen gesprochen und korrespondiert, aber da einige von ihnen nicht genannt werden wollen, möchte ich einfach allen Menschen danken, die sich die Zeit genommen haben, mit mir zu sprechen oder meine Fragen per E-Mail zu beantworten. Sie haben aus diesem Buch... dieses Buch gemacht.

Teile dieses Buches wurden ursprünglich als Essays in der *New York Times* und in *Self* veröffentlicht. Ich danke Daniel Jones, Christina Tudino und Paula Derrow für ihre Hilfe dabei, diesen Artikeln eine Form zu geben.

Ich hatte das Glück, viele wunderbare buddhistische Lehrer zu haben, deren Lehren auf vielerlei Weise in dieses Buch eingeflossen sind. Dazu gehören unter anderen Vegan Aharonian, John Ankele, Jenny Bates, Frank Jude Boccio, Stephen Clark, Steve Clorfeine, Andrea Darby, Ciprian Iancu, Ethan Nichtern, Susan Piver und Laura Simms. Zwei weitere wichtige Lehrer waren die Schauspiellehrerin Elizabeth Browning sowie meine erste Lehrerin für kreatives Schreiben, Verlyn Klinkenborg.

Ich danke meiner Familie – meinen Eltern, Bob und Mary Alice Eckel, und meinem Bruder, Mark Eckel, für ihre unermüdliche Unterstützung. Und natürlich gilt mein tiefempfundener Dank meinem lieben Mann, Mark Holcomb, der die lange Wartezeit wert war.

Register

Abhängigkeit 60
Abstriche 154
Achtsamkeitsmeditation 67
Alleinsein 28, 58, 63, 95, 180
– , Angst vor dem 62
Ambivalenz 160
Angst, Liebe und 94
Anstrengung, Hingabe und 112
Authentizität 81

Beziehung 85, 87
–, Angst vor 130
–, glückliche 166
–, leidenschaftslose 62
–, mittelmäßige 62
–, Selbstverwirklichung und 26
–, Selbstwertgefühl und 185
Beziehungschronik, dürftige 164, 165
Beziehungskompetenz 166
Beziehungsmaterial 167
Beziehungsphobie 23, 24
Beziehungsratgeber 77, 80
Beziehungsstatus 183, 189

Bildung, Heiratschancen und 46
Bindung
–, Angst vor 23, 24
–, langfristige 27
Bindungsproblematik 24
Blockaden 26, 27
Buddhismus 15, 16, 113, 151, 175, 189

Dating 41, 84
–, defensives 87
Dating-Erlebnisse 73
Dating-Rat 41
Dating-Ratgeber 51-53, 76, 82
Demut 182
Demütigungen 205
– Selbstwertgefühl und 33
Denken
–, magisches 103
–, positives 40
Depression 37, 61
Distanz 82, 119

Ehe 57, 62, 90, 94, 95, 156, 160, 196
– eigene als Musterbeispiel 164

–, Glück in der 124
–, glückliche 27
–, Niedergang der 157, 159
–, späte 46
Ehepaare, kinderlose 99
Ehrlichkeit, Status und 156
Einfriermethode (Eizellen) 171, 172
Einsamkeit 61, 64, 65, 67, 68, 113, 126
 – Schmerz und 65
Eltern, alleinerziehende 92
Entropie, psychische 143
Entscheidungen 151, 152
Erbsünde 15
Erfolg 47, 55, 125
 – Selbstwertgefühl und 32

Familie 57
Feindseligkeit, Mitgefühl und 178
Feminismus 43, 49
Frau
–, alleinstehende 57, 58, 97, 123
–, berufstätige 117
–, Freiheit der 59
–, kompetente 54
–, Partner und 62
Frieden, innerer 126
Frustration 61, 113

Gedanken
–, negative 39, 40, 186
–, toxische 143
Gedankenmüll 144, 146
Gefühle
–, schlechte 35
–, schwierige 186
Gemeinschaft 61

Gesellschaftsstruktur, Grundlage
 der 61
Glück 112, 125, 208
Grübelei 142

Halbbeziehung 119
Handlungsfreiheit 49
Heirat 194
Heiratsalter 157
 – Scheidungsrisiko und 158
 – Trennungswahrscheinlichkeit
  und 158
Heiratschancen, Bildung und 46
Heiratsmarkt 87
Heiratsverhalten 44
Hingabe, Anstrengung und 112

Ich, perfektes 204
Identität 43, 49, 165, 197
Instinkte 81, 82, 152, 184
Intelligenz 132
–, soziale 47
Intimität 27, 28, 60, 128
Isolation 65, 68

Junggesellenfreiheit 84

Karma 148, 150-152
Karriere 47, 48
Karrierefrau 117
Kinder 124
Kompetenz, interpersonelle 55

Lebensplanung 47
Lebensstil, Liebe und 156
Lebensunterhalt 71

Leere 60
Leiden 112, 113
–, Ursache 112
Liebe 43, 80, 82, 175
–, Angst und 94
–, Lebensstil und 156
–, Neurosen und 27
–, romantische 60
–, Verbundenheit und 176
–, wahre 174
Liebesbeziehung 163
Lob 55, 79

Macht 86
Mängel 24
Mann 88
– alleinstehender 84
– biologische Uhr des 169
– emanzipierter 54
Meditation 142, 144, 146, 177, 178
Mensch
–, alleinstehender 93, 94
–, erfolgreicher 54, 55
–, unverheirateter 59
Mitgefühl 81
– Feindseligkeit und 178

Nähe 60
Negativität 41
Neurosen, Liebe und 27
Niederlagen 115

Onlinedating 38, 119, 168, 104-107
– Trennungswahrscheinlichkeit und 107
Optimismus 37

Partner 70, 71
– Fehlen des 59
Partnerschaft, lebenslange 59
Peinlichkeit 114
Perfektion 70, 71
Persönlichkeit 194
Persönlichkeitsstörungen 27
Programmierung, biologische 144
Prozesse, ironische 39

Quasibeziehung 119

Ratgeberliteratur 22, 76
Ratgeberweisheiten 77
Reife 161
Rollenspiele 81

Scheidungsrate 158
Scheidungsrisiko 26, 45
Schmerz 61, 66, 68, 114
–, Einsamkeit und 65
–, psychischer 67
–, Unsicherheit und 184
Schuld 15
Sehnsucht 175
Selbstachtung 52
Selbstbewusstsein 32, 40
Selbsteinschätzung, negative 23
Selbstgespräch 34
Selbstkritik 36
Selbstlob 36
Selbstmitgefühl 33, 35, 36
Selbstmitleid 137
–, Unzulänglichkeiten und 187
Selbstoptimierung 133-135, 146
Selbstreflexion 182

Selbstverachtung 113
Selbstvertrauen 25, 50, 79
–, Zickigkeit und 78
Selbstverwirklichung, Beziehung und 26
Selbstwertgefühl 29, 31, 32, 34, 78, 79
–, ausgeprägtes 35
–, Beziehung und 185
–, Demütigungen und 33
–, Erfolg und 32
Selbstwirksamkeitserwartung 10
Selbstzufriedenheit 184
Selbstzweifel 14, 133, 185
Single
–, Erfahrungen des 17
–, Familie und 98
–, Gemeinschaftsleben und 98-100
–, Lebensstil des 91
–, Persönlichkeit des 16, 20
–, Ratschläge für 31
–, Selbstzweifel des 19
–, Zusatzkosten für 93
Singlebeschämung 57
Singledasein 59
–, Geschenk des 196
–, kinderloses 195
Singlestereotyp 109
Sozialpolitik 47
Status, Ehrlichkeit und 156
Stereotype 93, 162
Strenge, liebevolle 128
Symptom, Ursache und 140

Trennung 48, 163

Unabhängigkeit 59
Unaufrichtigkeit, toxische 177
Unsicherheit 184
–, Schmerz und 184
Unwissenheit 112
Unzulänglichkeiten 24
–, Selbstmitleid und 187
Ursache, Symptom und 140
Ursünde, Konzept der 15
Urteilsvermögen 73

Verbundenheit 179
–, Liebe und 176
Vergänglichkeit, Wahrheit der 197
Verlangen 112
–, sexuelles 88
Verletzlichkeit 80
Verletzung 15
Verlustschmerz 40
Verweigerung 82
Verzweiflung 31, 61, 62, 114, 126

Wachstum, spirituelles 180
Wehmut 57
Wertschätzung 55
Wohlbefinden 58
Würde 85, 112, 114

Zickigkeit, Selbstvertrauen und 78
Zufall 14, 132
Zufriedenheit 123, 125, 126, 184
Zurückweisung 61
Zusammengehörigkeitsgefühl 60
Zuwendung 79, 82